Tamara Łozińska

WARSCHAU

149 farbige Abbildungen

Dystrybutor w Polsce:
"GALAKTYKA" sp. z o. o. Łódź
Fax. 42 791335 Tel. 42 406509

ISBN 83-86447-51-6

© Copyright 1996 by
CASA EDITRICE BONECHI
Via Cairoli 18/b - Tel. +39 55 576841 - Fax +39 55 5000766
50131 Firenze - Italien
e-mail:bonechi@bonechi.it
Internet:www.bonechi.it

Alle Rechte vorbehalten.
Kein Teil dieses Buches darf ohne die schriftliche Erlaubnis
des Verlegers reproduziert werden.

Der Umschlag dieses Buches ist ein originales Werk der
Grafiker der Casa Editrice Bonechi und unterliegt dem
internationalen und italienischen Copyright.

Druck in Italien:
Centro Stampa Editoriale Bonechi

Übersetzung: Andreas Hein

FOTONACHWEIS
Alle Fotografien stammen aus dem Archiv Casa Editrice
Bonechi und wurden von Andrea Pistolesi aufgenommen.

ISBN 88-8029-594-2

* * *

Die Mauern der Altstadt

EINFÜHRUNG

Die ersten Siedlungen auf dem Boden des heutigen Warschau erfolgten im 10. und 11. Jahrhundert. Am Ende des 13. Jh. wurde eine Festung gebaut, die den Herzögen von Masowien als Residenz diente. Bald entstand auch eine Stadt, die zusammen mit der Festung den Namen Warszowa trug (das blieb bis zum 17. Jh. der einzige Name des heutigen Warschau). In den dreißiger Jahren des 15. Jh. war die Stadt bereits ausgebaut und befestigt. Ein Jahrhundert später wurde Warschau die Hauptstadt von Masowien. 1526, als die Dynastie der masowischen Herzöge ausstarb, gliederte man die Region in den Besitz der Krone ein.

Im 16. Jh. nahm die politische Bedeutung der Stadt ständig zu, vor allem wegen ihrer zentralen Lage. Ab 1569 trat in Warschau das Parlament (Seym) zusammen und seit 1573 wurde hier auch der polnische König gewählt. 1596 entschied der König Sigismund III. Wasa die königliche Residenz und die Staatsverwaltung von Krakau nach Warschau zu verlegen.

Der Ausbau als Residenz und Hauptstadt Polens brachte eine bedeutende Entwicklung und urbanistische Ausdehnung mit sich. In den Vororten entstanden viele schöne Adelspaläste. Unter der Herrschaft der Wasa verwandelte sich Warschau nicht nur in das politische und verwaltungstechnische Zentrum, sondern auch, dank dem Patronat des Königs und der Großgrundbesitzer, in eine Metropole von Kunst, Wissenschaft und Kultur.

Kriege mit Schweden verursachten in der Mitte des 17. Jh. einen Rückschlag in der Stadtentwicklung. Zwischen 1655 und 1658 erlitt Warschau wegen Belagerungen, Niederlagen und der schwedischen Besatzung schwere Verluste. Glücklicherweise konnte es nach der Befreiung ziemlich rasch wieder aufgebaut werden. Einer der bei der Restaurierung tätigen Persönlichkeiten war der hervorragende holländische Architekt Tylman van Gameren, den Marschall Sytanisław Herakliusz Lubomirski nach Polen gebracht hatte. Zu seinen Bauwerken zählen die Paläste für die Familien Krasiński und Gniński (Ostrogski) und das Handelszentrum, genannt Marywill, das man auf Initiative von Königin Maria Kazimiera errichtet hatte (es wurde 1825 abgerissen). König Johann III. Sobieskis Vorstadtresidenz entstand ebenfalls in der 2. Hälfte des 17. Jh. Die Kriege des frühen 18. Jh. und die Pest verhinderten erneut die wirtschaftliche Entwicklung und damit den Ausbau der Stadt.

1716 begann eine Friedenszeit, in der Warschau wieder aufblühte. Große urbanistische Projekte wurden unter der Herrschaft der Sachsenkönige August II. und August III. in Angriff genommen, die Sächsische Achse (davon haben sich nur die Sächsischen Gärten erhalten) und die Kavalleriestraße (die heutige Ujazdowskie-Allee), die natürliche Verlängerung der Straße, die von der Altstadt zum Königsschloß und die über Krakowskie Przedmieście und Nowy Świat nach Wilanów führte. Man baute neue Pläste und Kirchen. Seit 1742 hatte das Pflastersteinkomitee unter Marschall Franciszek Bieliński die Verantwortung für die Stadtreinigung.

In der Zeit von Stanislaus August war Warschau das Zentrum der polnischen Aufklärung. Die klügsten Köpfe der damaligen Zeit, die das Land reformieren und von innen her stärken wollten, hatten sich um den König geschart. Auf Initiative des Königs wurden die Palastanlagen im Łazienski-Park errichtet und das Innere des Königsschlosses ausgebaut.

Auch während der polnischen Teilungen kam es zu kulturellen und wissenschaftlichen Initiativen, die die nationale Identität einer um ihren Staat beraubten Nation erhalten sollten. Mittelpunkte dafür waren das polnische Theater und die Gesellschaft der Freunde der Wissenschaft. Trotz der Teilungen konnte letztere die Wissenschaft des gesamten Landes koordinieren. Warschau entwickelte sich zum Brennpunkt für die Unabhängigkeitsbewegung, die von vielen Untergrundorganisationen und vor allem von jungen Leuten geschürt wurde. Im November 1830 kam es zu einem Aufstand, doch mit dessen Niederschlagung endete auch die Entwicklung Warschaus. Es begann eine Zeit politischen Terrors, Hochschulen und wissenschaftliche Institutionen wurden geschlossen, Kunstsammlungen aus der Stadt entfernt, kulturelle Aktivitäten verboten. Nach 1860 entstanden in der Hauptstadt wieder patriotische Sammlungsbewegungen, die im Januar 1863 ihren Höhepunkt in einem Aufstand fanden. In Warschau etablierte sich eine nationale Rebellenregierung. Als diese stürzte, wurde die Autonomiebewegung niedergeworfen und die Stadtverwaltung von den Russen übernommen.

1918, nach dem Ersten Weltkrieg, galt Warschau endlich wieder als die Hauptstadt eines unabhängigen Staates. Aber die deutsche Besatzung und der Zweite Weltkrieg brachten für Warschau die allerschlimmsten Verluste. Nach dem Aufstand von 1944 sprengten die Deutschen alle noch stehenden Gebäude und verwandelten die Hauptstadt Polens in ein Trümmerfeld.

Gleich nach der Befreiung begann der Wiederaufbau. Alle historischen Anlagen und Gebäude wurden sorgfältig restauriert, man legte größten Wert darauf, sie in ihrer ursprünglichen Form wiederherzustellen. Die Altstadt und die Neustadt, Krakowskie Przedmieście, Nowy Świat, die Ujazdowskie-Allee, die Viertel der Straßenzüge Długa, Miodowa und Senatorska, alles wurde wiedererrichtet. Das Panorama der Altstadt von der Weichsel aus, die Paläste und Kirchen am Flußufer und die Ujazdowskie-Allee mit eleganten Häusern und Grünanlagen waren wieder die schönsten Stadtteile.

Das Königsschloß von Westen

KÖNIGSSCHLOSS

Die Geschichte des Warschauer Schlosses reicht bis ins 13. Jh. zurück. Ein großer gemauerter Turm (später Grodzka, d. h. Stadtturm genannt) wurde in der ersten Hälfte des 14. Jh. errichtet; in den Jahren 1411-1413 fügte man, unter der Regierung von Herzog Janusz I. d. Ä. eine herzögliche Residenz hinzu, die sich später der Große Hof (Curia Maior) nannte. Dort gab es den Anbau eines runden Turmes, der eine Treppe enthielt. Im 15. Jh. kamen noch mehre Bauten hinzu, die Verteidigungsmauern und der sog. Kleine Hof (Curia Minor).
Nach dem Aussterben der Herzöge von Masowien fiel deren Hertzogtum an die Krone und das Schloß wurde eine königliche Residenz.
Die Herrschaft von Sigismund August begann damit, daß er das Zentrum seiner Macht von Krakau nach Warschau verlegte; 1569 entschied man sich dafür, den Seym ebenfalls dort zusammentreten zu lassen. Die neue Bedeutung der Stadt erforderte auch eine Ausdehnung der königlichen Residenz. In den Jahren 1569-1572 wurde der Große Hof erneuert und so umgebaut, daß er den Seym beherbergen konnte. In stumpfem Winkel baute man ein einstöckiges Gebäude an den Großen Hof an, das die königlichen Gemächer enthielt und über eine Treppe erreicht werden konnte, die in einem getrennten Turm untergebracht war. Auch der Kleine Hof, in dem Sigismund Augusts Schwester Anna residierte, wurde umgestaltet und modernisiert. Als der König 1572 starb, blieb das Werk unvollendet.
Die nächste Bauphase der Schloßerweiterung erfolgte unter der Herrschaft der Wasa. Alles begann 1598 mit Sigismund III., der die Arbeiten bis 1619 fortführte, aber die bedeutendsten Teile der Residenz waren wohl schon 1611 vollendet, als der König und die wichtigsten Ämter von Krakau nach Warschau umzogen. Nach dem Ausbau hatte das Schloß eine fünfeckige Form und einen Innenhof, der bis 1939 nahezu unverändert blieb. Der gotische Grodzka-Turm, der Haupthof und die ehemalige Residenz von Sigismund August blieben auf Wunsch des Königs erhalten, aber im Norden, Westen und Süden kamen neue dreistöckige Flügel hinzu. Ein hoher, behelmter Turm, der das ganze Schloß beherrschte, wurde auf der Achse des Westflügels gebaut. Er heißt Turm des Sigismund oder Glockenturm, weil dort 1622 eine große Glocke aufgehängt wurde. Um der zu starken horizontalen Entwicklung der neunzig Meter langen Westfassade entgegenzuwirken, fügte man an den Seiten noch zwei kleinere Türme hinzu, um vertikale Akzente zu setzen. Im Küchenhof entstand eine überdachte Passage, um das Schloß mit der Stiftskirche St. Johann zu verbinden, wo der König seinen Andachtsplatz hatte. Dazu kam es, weil

Das Schloß und die Sigismund-Säule Das Schloß bei Nacht

1620 der Edelmann Michał Piekarski ein Attentat gegen Sigismund III. versucht hatte, als dieser mit seinem Gefolge zur Sonntagsmesse ging.
Die Pläne für die Schloßerweiterung entwarf wahrscheinlich der Architekt des Königs Giovanni Trevano, die Bauleitung übte zunächst Jacopo Rotondo aus und nach ihm Matteo Castelli.
Sigismunds Sohn und Nachfolger Ladislaus IV. nahm keine großen Veränderungen am Schloß vor. Der Treppenturm an der Krümmung des nordöstlichen Flügels heißt nach Ladislaus, er erhielt eine neue, barocke Form und einen Barockhelm, wahrscheinlich nach dem Entwurf des königlichen Architekten Costantino Tencalla. Auf Initiative des Königs wurde in der Nähe der Westfassade ein Monument zu Ehren des Vaters Sigismund III. errichtet.
Sigismund III. und seine Söhne Ladislaus und Johann Kasimir, Nachfolger von Ladislaus, waren allesamt kunstinteressiert. Sie erwarben Gemälde in Italien und den Niederlanden und sammelten Gobelins und orientalische Teppiche. Zur Zeit von Sigismund III. kamen englische Komödianten und führten Schauspiele von Shakespeare und Marlowe vor, Ladislaus IV. richtete ein ständiges Theater ein, an dem Berufsschauspieler angestellt waren.
Der Schwedeneinfall von 1655 brachte Unglück über das Schloß, es wurde ausgeraubt und demoliert, die Kunst-

sammlung zerstreut, viele der berühmtesten Werke endeten in Schweden.
Erst unter den Sachsenkönigen kam es am Schloß wieder zu Ausbaumaßnahmen. König August II. ließ den Versammlungsraum des Seym vom Erdgeschoß im Haupthof in das erste Geschoß in der Südwestecke verlegen. Auch der Raum für den Senat wurde erneuert und ein getrennter Thronsaal entstand in den Repräsentationsräumen des Nordostflügels.
Unter August III. wurde zwischen 1741 und 1746 der nordöstliche Flügel verlängert und an der Weichselseite erhielt er eine monumentale Rokokofassade mit drei Risaliten, die Gaetano Chiaveri entwarf. Der Mittelrisalit war dem großen Audienzsaal, die beiden seitlichen Risalite dem Schlafraum des Königs und einer Kapelle vorgelagert. Antonio Solari leitete die Bauarbeiten, während die Werkstatt von Jan Jerzy Plersch die skulpturale Dekoration ausführte. In den folgenden Jahren errichtete man zu Füßen des Schlosses das sog. Große Nebengbäude, ein langes einstöckiges Haus mit Dienerwohnungen und Vorratsräumen. In der ersten Hälfte des 19. Jh. verbarg man das Nebengebäude hinter einer monumentalen Arkadenterrasse, die Jakub Kubicki entwarf.
Die letzte große Ausbauphase veranlaßte Stanislaus August. Die Arbeiteten leiteten bis 1773 Jacopo Fontana und danach Domenico Merlini. Großartige Projekte, u.a. eine monumentale Kolonnade, von Fontana und dem

Schloß, Sigismunds Glockenturm

Schloß, Turm des Ladislaus

Das Schloß von Osten

französischen Architekt Victor Louis, um die Fassaden und die Umgebung des Schlosses auszugestalten, kamen nicht zur Ausführung. Das Innere wurde jedoch vollkommen verändert, Wohn- und Repräsentationsräume erhielten eine ihrem Gebrauch angemessene Verschönerung nach dem klassizistischen Formenkanon. Zwischen 1780 und 1784 wurde ein neuer Flügel angebaut, den Domenico Merlini entworfen hatte. Er enthielt einen 56 m langen Raum für die Bibliothek des Königs. Ionische Säulenpaare unterteilten das Innere in drei Abschnitte und Bogennischen nahmen die Bücherschränke auf. Darüber wurden in ovalen Medaillons die Allegorien der Wissengebiete angebracht, die in der Büchersammlung vertreten waren. Der Raum enthielt die Marmorbüsten von *Papst Leo X.*, *Cäsar* und *Alexander dem Großen*, sowie die sitzende Figur *Voltaires*, ein Gipsabguß nach der Skulptur von Jean Antoine Hudon.

Nach den polnischen Teilungen vernachlässigte man das Schloß und zerstreute die Kunstsammlungen. 1918, nachdem Polen seine Unabhängigkeit wiedergewonnen hatte, kam es zu einer umfassenden Restaurierung. Die Renaissanceräume und diejenigen aus der Zeit des Stanislaus August erhielten wieder ihr ursprüngliches Aussehen und die nach Rußland abtransportierten Kunstwerke kehrten zurück. Von 1926 an, nachdem das Schloß Sitz des Staatspräsidenten geworden war, fanden hier die offiziellen Staatsakte statt.

Am 17. September 1939 warfen die Deutschen Brandbomben auf das Schloß. Das Dach über dem Großen Ballsaal stürzte ein und das Deckengemälde von Bacciarelli verbrannte. Nachdem die deutsche Wehrmacht Warschau eingenommen hatte, wurden alle Kostbarkeiten wie Möbel, Gemälde, Teppiche usw. nach Deutschland transportiert. Den Angestellten des Schlosses und des Nationalmuseums gelang es jedoch, mit Hilfe der Bewohner von Warschau einen ansehnlichen Teil der Kunstwerke und einige Architektur- und Dekorationselemente des Schlosses in das Museum zu bringen und so zu retten. Nach dem Warschauer Aufstand von 1944 wurde das Schloß gesprengt.

Am 20. Januar 1971 traf man die Entscheidung, das Schloß wieder aufzubauen und zwar in dem Zustand vor 1939. Die ursprünglichen Entwürfe, Zeichnungen und Inventare sowie Fotografien dienten bei dem detailtreuen Wiederaufbau als Vorbilder. Noch erhaltene Wandfragmente wurden wieder eingebaut, ebenso Elemente der Holz- und Stuckarbeiten der Innendekoration, die man rechtzeitig entfernt hatte. Alle geretteten Gegenstände wie Möbel, Gemälde und Kunsthandwerk, kamen wieder an ihren ursprünglichen Platz.

Schloß, Senatsraum   Schloß, Detail aus Jan Matejkos Gemälde *Die Verfassung des 3. Mai 1791*

DAS INNERE DES SCHLOSSES

Nicht alle Innenräume kamen wieder in den Zustand von 1939. Der **Senat** wurde nach den Entwürfen der sächsischen Architekte rekonstruiert, deshalb erinnert seine Dekoration an die Zeit, als die Konstitution des 3. Mai 1791 angenommen wurde. Paarweise angeordnete korinthische Pilaster schmücken die Wände, außerdem Wappen des polnischen Königreichs, des Großherzogtums Litauen und aller Woiwodschaften und Territorien Polens. In diesem Raum wurde eines der wichtigsten Dokumente der polnischen Geschichte verabschiedet, die Verfassung des 3. Mai. Jan Matejko verherrlichte dieses Ereignis in einem Gemälde für den Abgeordnetenraum des Schlosses. Er hielt den Augenblick fest, in dem die Abgeordneten, nach Verabschiedung der "Regierungsvorlage", in feierlicher Prozession vom königlichen Schloß zur Kirche St. Johann zogen, um dort ein *Te Deum* zu singen. Begeistert tragen sie den Sprecher des Seyms Stanisław Małachowski auf den Schultern, der seinerseits ein Papier mit dem Text der Verfassung in der Hand hält. Im Hintergrund sieht man eine Fahne mit dem polnischen Wappen. Die Świętojańska-Straße ist mit einer jubelnden Menge erfüllt und im Hintergrund erhebt sich die Fassade des Schlosses, wo die Maiverfassung verfaßt, ausgearbeitet und verabschiedet wurde.

Die Innenausstattung aus der Zeit von König Stanislaus (1774-1785) befindet sich im östlichen Flügel des Königsschlosses und verdient besondere Aufmerksamkeit. Die Entwürfe verdanken wir vor allem Domenico Merlini, aber ihre Typologie ist sehr stark von der persönlichen Vorliebe des Königs bestimmt. Diesen Stil nennt man daher den des Stanislaus August, eine höfische Abwandlung des frühen polnischen Klassizismus.
Der sog. **Canaletto-Raum** (**Vorzimmer der Senatoren**) diente als Vorzimmer für Gäste, die auf eine Audienz beim König warteten und entstand zwischen 1776 und 1777. Die Innenausstattung ist ziemlich bescheiden und diente nur als Staffage für die Ansichten von Warschau und Wilanów, die der italienische Vedutenmaler Bernardo Bellotto, genannt Canaletto malte. Die zweiundzwanzig Gemälde entstanden in den Jahren 1770 bis 1780 und zeigen die Straßen und Plätze im Zentrum Warschaus wie sie Bellotto gesehen hat: Krakowskie Przedmieście und die Długa, Miodowa und Senatorska-Straße; den Marktplatz der Neustadt, den Krasiński-Platz mit Palästen und Kirchen und das alltägliche Leben, das sich auf diesen Plätzen abspielte. Man sieht den Landadel, die reichen Bürger, die Armen und die Kutschen, Bauernkarren, Straßenverkäufer und ein umherziehendes Orchester. Das ausgedehnteste Panorama der Stadt zeigt das Bild *Gesamtansicht Warschaus von Praga aus*, auf dem das Königsschloß mit seiner Rokokofassade dominiert. Im Vordergrund des Gemäldes, das 1770 entstand, erscheint das Selbstbildnis des Malers vor seiner Staffelei. An der ge-

Schloß, Canaletto-Raum
(die Südwand)

Schloß, Bernardo Bellotto genannt Canaletto,
Die Krakowskie Przedmieście von der Sigismund-Säule aus, 1767-1768

Die Krakowskie Przedmieście und die Sigismund-Säule in heutiger Zeit

genüberliegenden Wand erscheint ein ebenso großes Gemälde mit der *Wahl des Stanislaus August im Jahr 1764*. Glücklicherweise wurden alle Bilder, die diesen Raum schmücken, während des Zweiten Weltkriegs in Sicherheit gebracht, so daß sie nach dem Wiederaufbau an ihren angestammten Platz zurückkehren konnten.
Dank der hervorragenden Genauigkeit des Malers spielten sie bei der Rekonstruktion und beim Wiederaufbau der Hauptstadt eine bedeutende Rolle.
Im Grodzka-Turm neben dem Canaletto-Raum gibt es eine **Kapelle** mit einem kleinen rechteckigen Schiff. Die runde Apsis umgeben acht Säulen aus grünem Stuck mit Marmorsockeln und vergoldeten korinthischen Kapitellen. Darüber wölbt sich eine Kassettendecke mit vergoldeten Rosetten. Die Wände und Fensterlaibungen sind mit rotem Stuck verkleidet.
Vom Canaletto-Raum kommt man zum **Alten Audienzsaal**. Im Jahr 1777 diente er als Thronsaal. Ihn verzieren eine Decke und Soproporten von Marcello Bacciarelli. Die Soproporten stellen die vier Kardinaltugenden eines guten Monarchen dar: Die *Stärke* erscheint als der mit dem Löwen kämpfende Samson; die *Vorsicht* als die Besonnenheit des Alters im Gegensatz zur Leidenschaft der Jugend; der *Glaube* als eine Frau mit einem Glas in der Hand; und die wichtigste der königlichen Tugenden, die *Gerechtigkeit* als eine Frau mit den Waagschalen der Un-

parteilichkeit und dem Schwert der Macht. Diese Tugenden sollten den Frieden im Lande sichern, damit es blühen und gedeihen konnte. Der Höhepunkt dieses Gedankengebäudes ist im Deckengemälde ausgedrückt: *Die Blüte von Kunst, Wissenschaft, Landwirtschaft und Handel unter der Herrschaft des Friedens*, ein Hinweis auf die kulturelle und wirtschaftliche Entwicklung unter der Regentschaft von Stanislaus August. Das im Krieg zerstörte Deckengemälde wurde sorgfältig rekonstruiert. Sein Kompositionsschema wiederholt sich in den verschiedenfarbigen Kreisformen des Parketts.
Vom Thronsaal kommt man in die Gemächer des Königs mit Schlafraum, Garderobe und Studierzimmer sowie eine Reihe von repräsentativen Räumlichkeiten, das sog. **Große Appartement des Königsschlosses**. Es wird in der Folge genau beschrieben.
Der **Thronsaal** (**Neuer Audienzsaal**) liegt in dem südlichen Risalit des sächsischen Flügels. Das Innere hat man nach Fotografien aus der Zeit vor 1939 rekonstruiert. Die Wände sind mit rotem Damast ausgeschlagen, der von vergoldeten und geschnitzten Rahmenleisten gefaßt wird, davor hängen große Spiegel in Goldrahmen. Gegenüber vom Fester steht der authentische Thron, den Jan Chrystian Kamsetzer entwarf, mit dem Wappen Polens und dem königlichen Wappen. Unglücklicherweise blieb seine originale Aufstellung nicht erhalten, die Hinter-

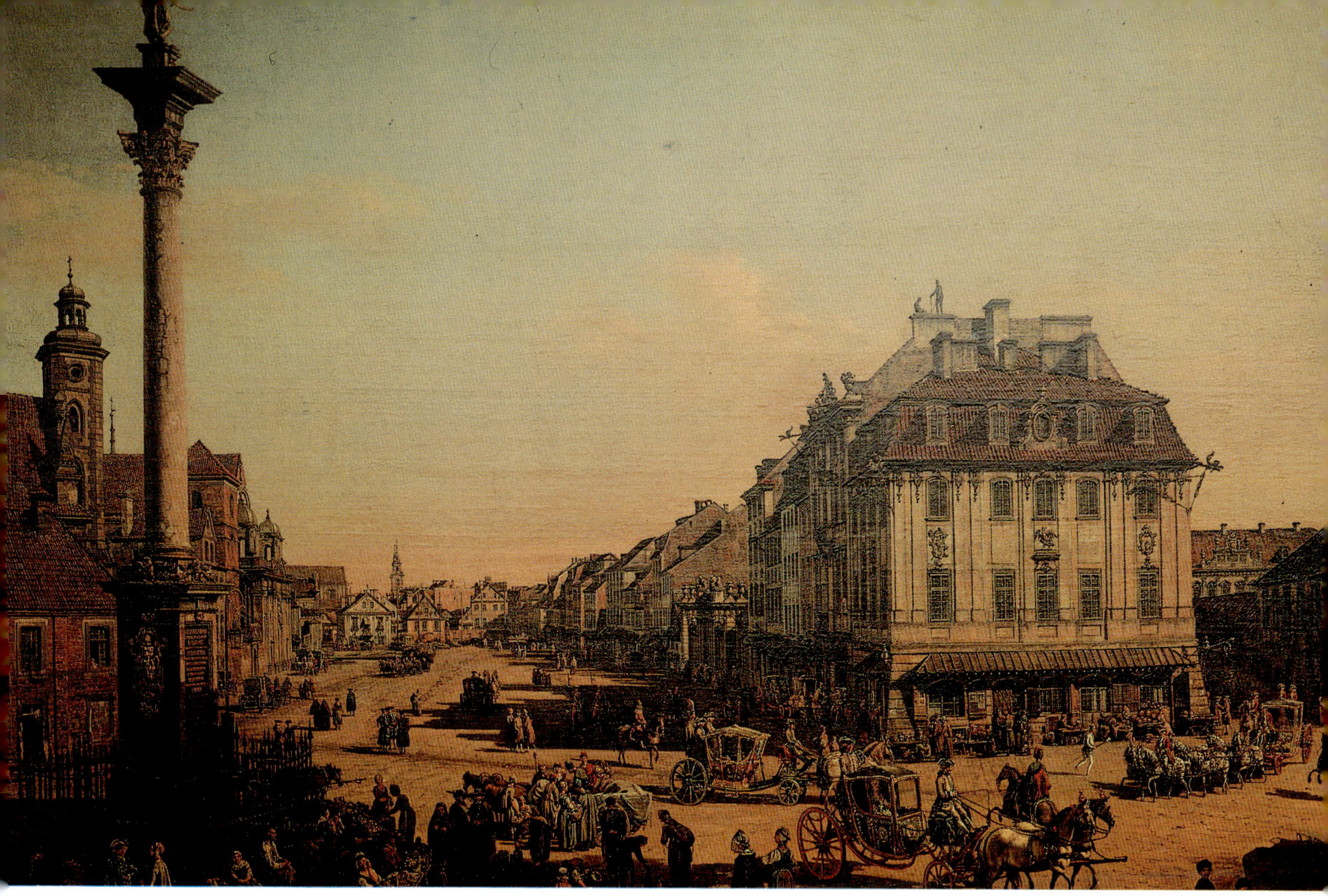

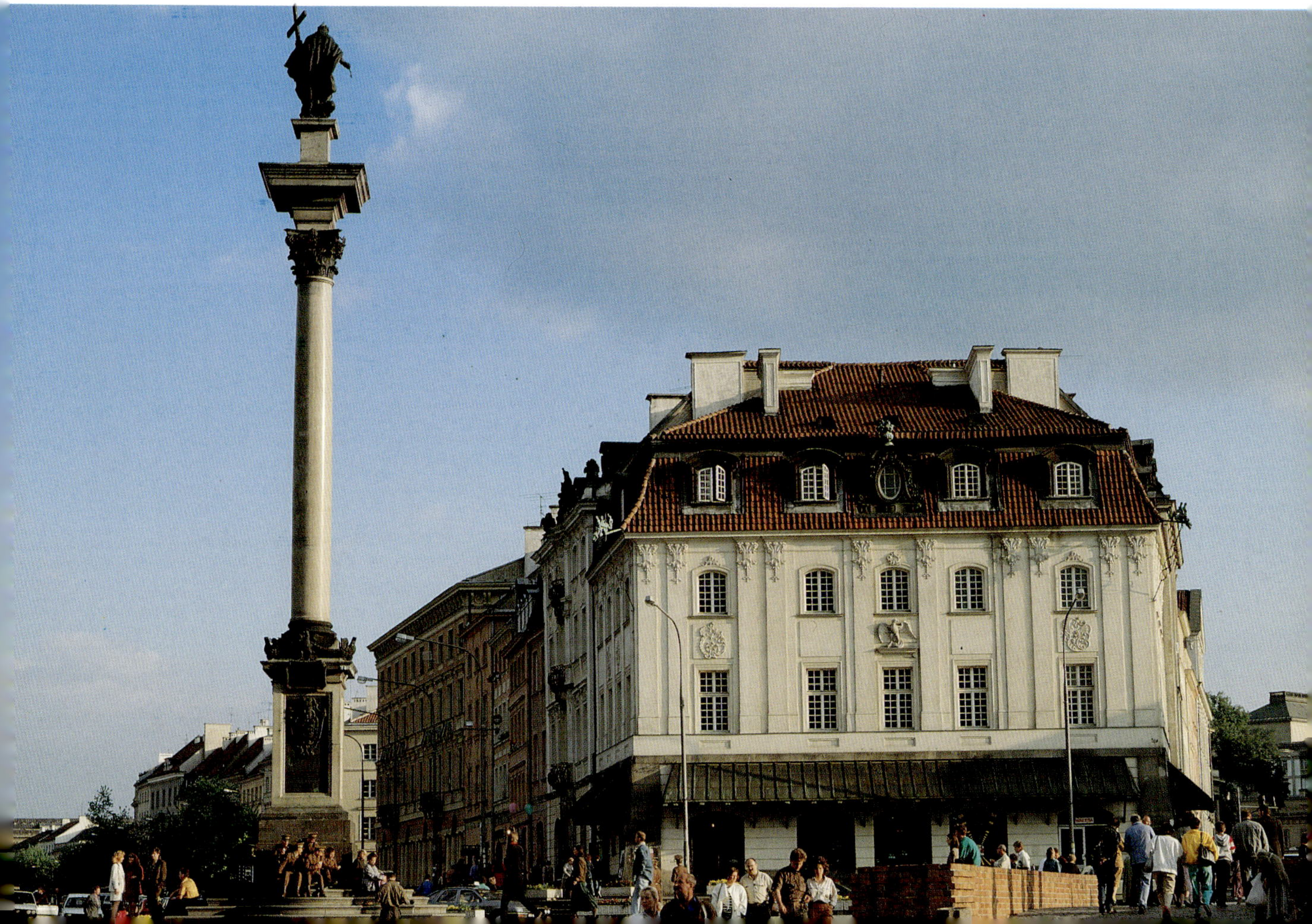

Schloß, Kaminuhr des Ballsaals mit *Orpheus*, erstes Viertel des 19. Jh.

Schloß, die *Kronosfigur* im Rittersaal von Jacopo Monaldi, 1784-1786

Schloß, Tisch mit einer Porzellanplatte, Konferenzkabinett, 1777

Schloß, Kapelle des Stanislaus August

Nächste Seiten: Schloß, ehem. Audienzsaal

Schloß, Kabinett europäischer Monarchen (Konferenzkabinett)

grundstaffage und der Baldachin waren mit in Silber gestickten Adlern und goldenen Kronen verziert. Auf dem Kamin befinden sich vier Marmorkopien von antiken Skulpturen, die 1786 in Rom angefertigt wurden. Sie stellen *Scipio, Hannibal, Pompejus* und *Cäsar* als Allegorien königlicher Tugenden dar: *Mäßigung, Tapferkeit, Gerechtigkeit* und *Weisheit*.
Ein kleiner oktogonaler Raum ist mit dem Thronsaal verbunden, er heißt **Studio der europäischen Souveräne (Konferenzraum)** und wurde von Stanislaus August den damaligen europäischen Monarchen gewidmet. Dort findet man folgende Portraits: *Papst Pius VI.* (über der Tür zum Thronsaal), *Zarin Katharina II.* (über dem Kamin), *Kaiser Joseph II.* (über der Spiegelnische), *Gustav III.*, König von Schweden (in der Nähe der Tür neben Katharina II.), *Ludwig XVI.*, König von Frankreich (gegenüber

Schloß, Rittersaal

von *Friedrich II.*, König von Preußen) und *Georg III.*, König von England (gegenüber von Gustav III. neben der Tür). Die Rahmen der Portraits sind von den Wappen der entsprechenden Länder bekrönt und in eine goldene Wanddekoration mit Groteskenmalerei von Jan Bogumil Plersch eingefügt. Ein weiteres Dekorationselement sind die verschiedenfarbigen Intarsien des Holzfußbodens. Auch der kleine Tisch mit einer Einlegearbeit in der runden Platte, die 1777 in einer Werkstatt von Sèvres entstand und die der berühmte Porzellanmaler Charles Nicolas Dodin schuf, gehörte zur ursprünglichen Einrichtung. Die Dekoration des Raumes handelt von Telemach, Sohn des Odysseus und zwar nach den beliebten *Aventures de Telemach*, die 1699 François Fenelon schrieb.

Der **Rittersaal** (**Vorzimmer der Senatoren**) diente als Warteraum für Besucher, die eine Audienz wünschten. Nach Absicht des Königs sollte dies ein Raum sein, der die glorreichsten Ereignisse aus der polnischen Geschichte und die berühmtesten Polen verherrlichte, Anführer, Staatsmänner, Wissenschaftler und Künstler. Diese Idee wird durch ein lateinisches Zitat aus Vergils Äneis bekräftigt, das ringsum an den Wänden zu lesen ist. Die Übersetzung lautet etwa folgendermaßen: "Dies ist eine Heimstadt für diejenigen, die für das Vaterland Wunden empfingen und die, die das reine Leben eines Priesters führten und für jene frommen Dichter, deren Lieder eines Phöbus ebenbürtig waren. Und auch für diejenigen, die Kunst schufen und damit das Leben verschönten und jene, die durch ihre Verdienste in der Erinnerung der Menschen unsterblich geworden sind".

Der Saal ist mit sechs großen historischen Leinwandgemälden von Bacciarelli verziert, hier ihre Titel: *Entsatz der Belagerung von Wien*, *Friedensvertrag von Chocim*, die *Union von Lublin*, die *Preußische Huldigung*, die *Verleihung von Privilegien an die Akademie von Krakau*, die *Gesetze Kasimirs des Großen*. Die Ideen für diese Gemälde kamen von Stanislaus August. Über den Türen wurden außerdem zehn Portraits berühmter Polen in Ovalform angebracht, sie sind ebenfalls von Bacciarelli. Jedes Portrait hat einen Stuckrahmen mit Attributen, die zu der dargestellten Persönlichkeit passen. Diese Galerie außergewöhnlicher Polen wird durch zweiundzwanzig Bronzebüsten von Anführern, Staatsmännern, Wissenschaftlern und Dichtern vervollständigt, die die Bildhauer André Le Brun und Jacopo Monaldi schufen. Der König gab den Auftrag für diesen großartigen Raum, der den wichtigsten Persönlichkeiten der polnischen Geschichte gewidmet ist, weil er hoffte, den patriotischen Geist anzufeuern. Das Verlangen nach den Tugenden der Tradition sollte wiedererweckt werden, um Frieden zu schaffen und damit Ordnung und Glück.

Dieses ikonographische Programm vervollständigen zwei Marmorstatuen. Die eine stellt *Kronos* als alten Mann dar, der eine Sense hält und auf den Schultern eine bestirnte Weltkugel (mit Uhrwerk darin) trägt; diese Statue schuf Monaldi. Die andere, von Le Brun, ist eine weibliche Allegorie des *Ruhmes*, die in einer Hand eine Posaune hält, in der anderen eine goldene Krone.

Neben dem Rittersaal liegt der **Marmorraum** mit polychromer Marmorverkleidung. Er wurde unter der Herrschaft von Ladislaus IV. nach Entwürfen von Gaetano Gisleni ausgestattet. Ursprünglich besaß er ein Deckengemälde von Tommaso Dolabella, das die Krönung von Sigismund III. darstellte und eine Serie von Portraits der polnischen Könige. Der Raum wurde vernachlässigt und bereits zur Zeit von Stanislaus August befand er sich in sehr schlechtem Zustand. In den Jahren 1768 bis 1771 wurde er erneuert und nach Zeichnungen von Jacopo Fontana umgestaltet. Unterhalb der Türrahmen und des Gesimses blieben die Wände fast unverändert, auch das ideologische Konzept der Innenausstattung blieb das gleiche. Stanislaus August entschloß sich, ähnlich wie Ladislaus IV., das Studierzimmer der Erinnerung an seinen Vorgänger auf dem polnischen Thron zu widmen. An dem Fries über dem Gesims befinden sich zweiundzwanzig ovale und rechteckige Portraits der polnischen Könige, die Marcello Bacciarelli malte. Die Figuren derjenigen, die der König als besonders verdienstvoll für Polen erachtete, d.h. *Kasimir der Große, Ladislaus, Jagello, Sigismund der Ältere, Ladislaus IV.* und *Johann III.*, erhielten eine reichere Rahmung. Das Bildnis in Lebensgröße von *Stanislaus August in Krönungsrobe* kam über den Kamin an hervorragender Stelle zur Wirkung. Die gegenüberliegende Wand, unterhalb des Gesimses, wurde mit Allegorien von *Frieden* und *Gerechtigkeit* geschmückt, die die Wappen Polens und des Königs tragen; Le Brun meißelte sie aus Marmor. Bacciarellis Deckengemälde hat den Titel *Der Ruhm verkündet die Taten der polnischen Könige*. Diese Innenausstattung blieb bis 1835 erhalten, als der Zar anordnete, die Marmorwände abzuräumen. Bacciarellis Decke wurde im Zweiten Weltkrieg zerstört. Die heutige Rekonstruktion entstand nach einem Aquarell von Jan Chrystian Kamsetzer, das das Studio im Jahr 1784 zeigt.

Der **Ballsaal** (**Versammlungsraum**) ist der größte und eleganteste Saal des ganzen Schlosses. Der zweistöckige Saal liegt auf der Achse des Mittelrisalites der sächsischen Fassade, anstelle des früheren Audienzsaales aus den Zeiten von August II. Die Wände werden von korinthischen Doppelsäulen aus Stuck unterteilt, den Bogenfenstern gegenüber liegen verspiegelte Nischen gleicher Form. Auf der Mittelachse öffnet sich eine große Eingangsnische mit Halbkuppel, deren Kassettendecke mit Rosetten verziert ist. Der Skulpturenschmuck am Eingang ist das Werk von André Le Brun. In dem Marmormedaillon der Soporaporte befindet sich eine Büste von *Stanislaus August* im Profil, daneben erheben sich geflügelte Allegorien des *Friedens* und der *Gerechtigkeit*. Seitlich vom Eingang stehen zwei Marmorstatuen, *Stanislaus August als Apoll mit Leier und Lorbeerkrone* und *Katharina II. als Minerva*. Das Deckengemälde von Marcello Bacciarelli zeigt die Trennung der vier Elemente (*Zeus befreit die Welt vom Chaos*). Das Original ging verloren, als im September 1939 das Königsschloß bombardiert wurde. Die heutige Nachbildung malten Gemälderestauratoren nach den Skizzen Bacciarellis.

Schloß, Marmorsaal *Nächste Seiten*: Schloß, Ballsaal

Schloßplatz, Einmündung der Piwna-Straße

SCHLOSSPLATZ

Der Platz vor dem königlichen Schloß hat die Form eines unregelmäßigen Dreiecks, das im Osten vom Schloß und im Nordwesten von den Häusern der Altstadt begrenzt wird und sich im Süden auf die Krakowskie Przedmieście öffnet. Im 14. Jh. erhoben sich auf dem Platz die mit der Schloßbefestigung verbundenen Verteidigungswälle und das Krakautor, durch das die Hauptstraße hindurchführte. In den folgenden Jahrhunderten baute man hier Wohnhäuser und Nebengebäude für die Hofhaltung mit Ställen, Kutschenremisen usw. (den sog. Fronthof). Eine Kirche und das Bernhardinerkloster entstanden zwischen dem Schloß und der Bernhardinerkirche (St. Annenkirche). Diese sich allmählich ansammelnde Architektur war ungeordnet und chaotisch. 1644 räumte man einen Teil frei, um die Sigismundsäule zu errichten.

Doch erst im 19. Jh. erhielt der Platz durch den Architekt Jakub Kubicki eine neue Form. Das Krakautor, die Gebäude des Fronthofes und verschiedene Häuser wurden abgerissen. Das Gebiet vor der Westfassade des Schlosses mit der Sigismundsäule wurde zum offenen Platz und damit die Säule und die Fassade frei sichtbar. 1843 riß man auch die Bernhardinerkirche und das Kloster ab und zwischen 1844 und 1846 entwarf der Baumeister Feliks Pancer ein Viadukt, das den Hügel hinunter in das Powiśle-Viertel führte und zwar zwischen dem Glockenturm von St. Anna und dem Pod Blacha-Palast (Palast unter dem Zinndach).

Heute verläuft an der Stelle des früheren Viaduktes die W-Z Durchgangsstraße (Ost-West-Fahrt), die nach dem Zweiten Weltkrieg gebaut wurde. Der östliche Teil des Platzes wird von einer Steinbalustrade abgeschlossen, von dort blickt man über die Weichsel und über das rechts vom Fluß gelegene Warschau. Der barocke Palast unter dem Zinndach mit zwei spätbarocken Nebengebäuden liegt am südlichen Schloßflügel. Er wurde zu Beginn des 18. Jh. für den Abgeordnetenkanzler Jerzy Dominik Lubomirski gebaut. Unter der Herrschaft von Stanislaus August gehörte der Palast dessen Neffen, dem Herzog Józef Poniatowski.

SIGISMUNDSÄULE

In der Mitte des Schloßplatzes steht die Sigismundsäule, wahrscheinlich das bekannteste Denkmal der Stadt. Sie ist so eng mit Warschau verbunden, daß sie eine Art Visitenkarte wurde oder das zweite, inoffizielle Stadtwappen. Die 1644 errichtete Säule ist nicht nur das älteste Monument von Warschau, sondern von ganz Polen. Der Auftraggeber war König Ladislaus IV., der auf diese Weise seinen Vater ehren wollte. Die lateinischen Inschriften auf Bronzeplaketten an den vier Sockelseiten sind eine Art Lobeshymne auf den Verstorbenen, sie preisen den Ruhm, die Größe und Verdienste von Sigismund III., erhöhen aber auch das Ansehen von Ladislaus IV., Sohn und Nachfolger auf dem polnischen Thron. Abgesehen von der Zuneigung zum Vater wollte Ladislaus wohl vor allem die Bedeutung des Wasageschlechtes hervorheben, sonst hätte er nicht solch eine mächtige Säule auf einem aller Welt zugänglichen Platz in der Nähe des Schlosses und beim Krakautor, dem Haupteingang zur Stadt, errichten lassen. Die Säulenform verweist auf die Tradition der römischen Kaiser (siehe die Trajanssäule, 113 n. Chr., oder die Säule des Mark Aurel, 176 bis 193 errichtet). Die Säule verherrlichte schon damals einen Herrscher oder Heerführer, indem sie an seine Taten erinnerte.

Das Warschauer Monument ist 22 m hoch und besteht aus drei Teilen, einem doppelten Sockel, einer schlanken korinthischen Säule, auf der wiederum ein ziemlich hoher Sockel steht und der vergoldeten Bronzestatue von Sigismund III. Das gesamte Monument entwarf Costantino Tencalli, der italienische Bildhauer Clemente Molli schuf das Modell für die Figur des Königs, während Daniel Tym die Form für den Bronzeguß ausführte. Die Statue wurde in einem Stück gegossen. Das Antlitz des Königs zeigt bemerkenswerte Ähnlichkeit mit allen noch vorhandenen Portraits, er trägt eine archaisierte Rüstung und die königliche Robe. Der Mantel ist derartig nach hinten geworfen, daß er die Figur nicht verhüllt, sondern eine Art Hintergrund zu ihr bildet. Der König trägt die Krone und in den Händen hält er Schwert und Kreuz, Attribute des Herrschers, der auch den Glauben verteidigt. Die Statue erhielt ihre Form auch in Funktion des zukünftigen Standortes, denn sie ist gelängt, vor allem an den Beinen, um der Verkürzung bei der Ansicht von unten entgegenzuwirken. Außer der symbolischen Bedeutung hatte die Säule auch eine situationsbedingte Aufgabe: Als das Monument errichtet werden sollte, standen ringsum kleine und monumentale Gebäude wild durcheinander. Daher erhob man die Statue auf eine Säule, die ihre Umgebung überragte, so daß sie sich als Silhouette gegen den Himmel abzeichnete und auch von weitem gut sichtbar blieb.

Schloßplatz mit Sigismundsäule

Nächste Seiten: Sigismundsäule

Piwna-Straße

Świętojańska-Straße

Detail eines alten Stadthauses

ALTSTADT

Die Altstadt liegt nordwestlich vom Schloß innerhalb der Verteidigungsanlagen und bildet den Kern des heutigen Warschau. Die ersten Bauten entstanden um 1300, als die Herzöge von Masowien ihr Schloß in Jazdów verließen und ihren Sitz an den Ort des späteren Königsschlosses verlegten. Um 1400 enstand nördlich von der Altstadt die Neustadt. Es ist typisch für diese Zeit, daß die Altstadt schachbrettförmig angelegt war; daher ist der Marktplatz rechteckig, mit zwei Straßen, die von jeder Ecke ausgehen. Auch die Bauplätze legte man rechtwinklig zu dem Straßenraster an. Die Altstadt wirkt wie etwas beiseite geschoben, vielleicht weil es eine frühere Siedlung gab, die später erst von der Stadt vereinnahmt wurde. Schon im Mittelalter waren die Häuser aus Mauerwerk, mit Bogenfenstern, Portalen, Nischen und vielfarbig ausgemalten Innenräumen. In den folgenden Jahrhunderten kam es zu starken Veränderungen, vor allem im 17. Jh. Während der kriegerischen Auseinandersetzungen mit Schweden wurden weite Teile von Warschau zerstört und die Gebäude erlitten großen Schaden. Beim Wiederaufbau bemühte man sich, die Häuser zu modernisieren und ihre Dekoration dem jüngsten Stil anzupassen. Viele Häuser der Altstadt erhielten Barockfassaden, aber das eigentliche Leben der Stadt fand bereits jenseits der alten Stadtmauern statt. Diese Verlagerung dauerte auch im 18. und 19. Jh. an, so daß die Altstadt zu einem armen, überbevölkerten und an den Rand gedrängten Viertel wurde. Zwar gab es dort viele kleine Geschäfte und Werkstätten, doch die Häuser begannen allmählich zu verfallen. Um die wichtigsten Häuser zu retten, gründete man 1906 eine Gesellschaft für den Schutz historischer Monumente. Es war ein Verdienst dieser Vereinigung, daß zwischen den beiden Weltkriegen die Fassaden der Häuser am Marktplatz erneuert werden konnten. Während des Warschauer Aufstandes kam es in der Altstadt für einen Monat zu grausamen, blutigen Kämpfen. Das Viertel erlitt eine fast vollständige Zerstörung und die wenigen noch stehenden Häuser wurden von den Deutschen gesprengt, nachdem die Aufständischen die Altstadt verlassen hatten. Bald nach dem Krieg begann man mit dem Wiederaufbau.

Trotz des enormen Ausmaßes der Zerstörungen gelang es, viele Architekturelemente zu retten. Fragmente von Portalen und Fenstern, die man zwischen den Trümmern fand, kamen später wieder zur Verwendung. Der Wiederaufbau galt nicht nur einer bestimmten geschichtlichen Epoche, man wollte alle Entwicklungsstadien des Viertels wiederentdecken. Das mittelalterliche Straßennetz blieb erhalten, es war jedoch unmöglich, die ursprüngliche gotische Architektur zu rekonstruieren, weil sowohl ausreichende Reste als auch ikonographische Quellen fehlten. Die meisten Häuser haben barocke Formen oder gehören zuweilen auch der Spätrenaissance an. Die ehemalige Haushöhe wurde beibehalten und die Form rekonstruiert, der Aufbau des Treppenhauses (Treppenhauslaterne) ragt wie früher über das Dach empor. Die Fassaden erhielten je nach Stil wieder ihre farbige Bemalung. Manchmal mußte die Innenaufteilung der Häuser modernen Wohnbedürfnissen angepaßt werden, doch fällte man solche Entscheidungen aufgrund der Authentizität und des historischen Wertes eines jeden Gebäudes. Bei den meisten Häusern verwandelte man das Erdgeschoß in Geschäfte, Cafés, Restaurants und Dienstleistungsbetriebe, angepaßt an die Bedürfnisse der Altstadt und des Tourismus. Diese Entscheidung steht in der Tradition des 19. Jh., als die meisten Erdgeschosse von Geschäften und Handwerkerläden eingenommen waren. Die erneuerte Altstadt bildet heute eines der schönsten Viertel von Polens Hauptstadt. 1981 bestimmte die UNESCO-Kommission des kulturellen Welterbes, den historischen Stadtkern Warschaus unter die schützenswerten Kulturgüter einzureihen.

DER MARKTPLATZ DER ALTSTADT

Im alten Warschau bildete der Marktplatz das Herz des wirtschaftlichen, sozialen und politischen Lebens. Die ersten Gebäude aus Ziegeln und Stein entstanden im 14. und 15. Jh., im 15. Jh. wurde auch ein Rathaus gebaut (das man 1817 wieder abriß). Die Häuser um den Marktplatz gehörten den hervorragendsten Bürgerfamilien, die im Stadtrat und manchmal auch bei Hof die höchsten Ämter innehatten. Im 17. Jh. erhielten die meisten dieser Patrizierhäuser Renaissance- und Barockformen. Die Aufbauten über den Dächern, die sog. Laternen für die Treppenhäuser, stammen aus der damaligen Zeit. Im 18. Jh. wurden die meisten Häuser aufgestockt und einige erhielten neue Fassaden. Doch während des allmählichen Niedergangs der Altstadt im 19. Jh. verloren sie ihren ursprünglichen Glanz. Erst im 20. Jh. wurden sie teilweise restauriert, zwischen den beiden Kriegen erneuerte man ihre Bemalung, nach dem Zweiten Weltkrieg restaurierte man sie in ihrem Renaissance- oder Barockstil.
Im Jahr 1915 erhielten die vier Seiten des Marktplatzes den Namen von Persönlichkeiten, die sich um Warschau verdient gemacht hatten, Stadtpräsidenten aus der Zeit des vierjährigen Seym und des Kościuszko-Aufstandes: Dekert, Brass und Zakrzewski, außerdem Hugo Kołłątaj, eine der bedeutendsten Figuren der polnischen Aufklärung.
Unter den Häusern, die am Marktplatz stehen, beachte

Marktplatz in der Altstadt

Der Marktplatz von der Świętojańska-Straße aus.

Uhr an einem Eckhaus des Marktplatzes

"Mohren-Haus", Detail der Fassade

man insbesondere das an der Ecke der Wąski Dunaj-Straße; es wird "St. Annen-Haus" genannt, weil in seiner Ecknische die Skulpturengruppe der *Hl. Anna selbdritt* aufgestellt ist. Manchmal wird das Haus auch nach den Masowien-Herzögen benannt, aber es gibt dafür keinen historischen Nachweis. Der erste Bau stammt aus dem 14. Jh. und es kam zu mehrfachen Erneuerungen, dennoch haben sich viele originale Elemente erhalten. An der Fassade der Wąski Dunaj-Straße gibt es eine gotische Nische, in der Eingangshalle befinden sich zwei Portale des 16. Jh. und die *St. Annen*-Figur. Die Fassade mit dem Portal der Spätrenaissance und der Sgraffito-Dekoration stammt aus der ersten Hälfte des 17. Jh., wie auch das Erkerfenster. Dieses Gebäude beherbergt, zusammen mit dem Nachbarhaus, die polnische Akademie des geschichtswissenschaftlichen Institutes. Auf derselben Seite des Marktplatzes (die Kołłątaj-Seite) steht unter der Nummer 27 das Fukier-Haus mit einem bedeckten Umgang im Innenhof. Es wurde in der Mitte des 16. Jh. anstelle eines älteren Hauses errichtet und im 17. und 18. Jh. erneuert. Seit 1810 gehörte es Marcin Fukier, der hier seinen berühmten Weinkeller hatte. Zwischen 1910 und 1920 wurde es unter der Aufsicht von Władysław Marconi restauriert. Während des Wiederaufbaus nach dem Krieg bekam die Fassade eine klassizistische Dekoration.

Heute haben hier die Vereinigung der Kunsthistoriker und die Union der polnischen Komponisten ihren Sitz.

Das Haus "Pod Murzynkiem" (Zum Mohren) liegt auf der Nordseite (Dekert-Seite) des Marktplatzes und heißt nach dem Kopf eines Negerjungens, der in die wunderschöne Renaissancefassade eingefügt ist. Es wurde in der zweiten Hälfte des 17. Jh. für den Bürgermeister Jakub Dzianotti erbaut. Aus dieser Zeit stammen auch das Portal, die Fensterrahmen und die Sgraffito-Dekoration der Fassade. Das Innere einiger Häuser auf der Dekert-Seite wurde umgebaut, um das Historische Museum von Warschau aufzunehmen, welches das soziale, politische und kulturelle Leben von der Frühzeit bis heute dokumentiert. Außer Dokumenten, Siegeln, Landkarten und Plänen gibt es dort Kunsthandwerk, Gemälde und Skulpturen aus verschiedenen Zeiten. Die Werke stammen von Warschauer Künstlern oder sind thematisch mit der Hauptstadt verbunden.

Der Marktplatz in der Altstadt hat seine ganz eigene Atmosphäre, die durch die schönen alten Häuser ringsum bestimmt wird, aber auch durch die farbigen Sonnenschirme der Straßencafés, die Verkaufsstände für Blumen und Souvenirs und die von den Studenten der Kunstakademie ausgestellten Bilder, eine regelrechte Galerie unter offenem Himmel.

Der Barbakane

STADTMAUERN

Die ursprünglichen Befestigungsanlagen der Altstadt bestanden aus Basteien im Norden, Westen und Süden. Im 14. und 15. Jh. wurden diese allmählich durch Ziegelmauern mit Wachtürmen und Stadttoren ersetzt, um die Stadt besser zu schützen. Während dem 16. Jh. entstand zur Verstärkung der Nordseite ein Außenwerk mit rechteckigen Türmen, die von hohen Ziegelhelmen bedeckt waren und der **Barbakane**, 1548 nach dem Entwurf von Giovanni Battista errichtet, ein venezianischer Architekt, der im masowischen Gebiet arbeitete. Das gewaltige, halbrunde Gebäude mit Schießscharten und einer Brustwehr aus der polnischen Renaissance, die aus Zinnentürmchen und Dreiecksmotiven zusammengesetzt ist, beschützte den Zugang zur Stadt im Norden. Der Barbakane hatte ein Eingangstor mit Zugbrücke und wird von halbkreisförmigen Türmen flankiert, die auf rechteckigen Stützpfeilern ruhen.

Während der zahlreichen Kriege des 17. Jh. und zu Beginn des 18. Jh. wurden die Stadtmauern immer wieder beschädigt. Im späten 18. und im 19. Jh. wurden sie teilweise abgetragen und zum Teil von der Bebauung absorbiert, wie z. B. auch der Barbakane.
Im 19. Jh. riß man mehrere Stadttore ab, so auch das Krakautor beim Schloß, durch das die von Süden kommende Hauptstraße führte und den Wachtturm an der Weichsel, den sog. Marschallturm, auf polnisch Wieża Marszałkowska. 1937 bis 1938 kam es zum Wiederaufbau und auch zur Freilegung von Teilen der Stadtmauern, des Stadtgrabens in der Nähe des Barbakane und der Barbakane-Brücke.
Als 1944 einige Häuser des 18. und 19. Jh. in der Podwale-Straße niederbrannten, kamen längere Abschnitte der Stadtmauern ans Licht, die bis dahin die dichte Bebauung verdeckt hatte. Zwischen 1953 und 1963 wurden beide Schutzwälle mit Türmen und dem Barbakane zum Teil wiedererrichtet. Im Sommer stellen sich hier die Künstler Warschaus in Ein-Mann-Ausstellungen vor.

Die Statue der Nixe auf den Stadtmauern der Altstadt

DAS NIXENDENKMAL

Das Denkmal der Nixe, auch Sirene genannt, erhebt sich auf den Stadtmauern der Altstadt, dort wo der Marschallturm zu stehen pflegte. Es handelt sich um den Zinkguß einer Skulptur von Konstanty Hegel (1855). Zwischen den Kriegen verzierte sie den Marktplatz der Altstadt, seit 1972 steht sie an dem heutigen Ort.
Die Seejungfer trägt in einer Hand einen Schild, in der anderen erhebt sie ein Schwert, so erscheint sie auch auf dem Wappen der Stadt, zu deren Symbol sie geworden ist. Diese Darstellung erfuhr im Lauf der Jahrhunderte verschiedene Abwandlungen. Auf den ältesten Siegelwappen Warschaus aus dem 15. Jh. erkennt man ein geflügeltes Monstrum mit Schwert und Schild. Es hat den Körper eines Mannes, Füße eines Stieres und einen Löwenschwanz. In der Mitte des 16. Jh. handelt es sich bereits um eine Nixe, aber immer noch mit monströsen Details: sie trägt Drachenflügel, Klauen, einen Reptilschwanz und an den Oberschenkeln Fischschuppen. Diese Version blieb sie bis zum 18. Jh. unverändert, als unter dem Einfluß des Klassizismus das mittelalterliche Ungeheuer durch eine wohlgeformte Frau ersetzt wurde, die anstelle der Beine einen aufgerollten Fischschwanz trägt und Schwert und Schild über ihren Kopf erhebt. Wahrscheinlich entstand die Figur nach dem Vorbild antiker Wassergottheiten wie die Tritonen aus dem Gefolge Poseidons oder der wunderhübschen Zauberin einer französischen Legende, die sich Melusine nannte, halb Frau und halb Schlange. Die heutige Form des Hauptstadtwappens wurde 1939 offiziell anerkannt.

STATUE DES JAN KILIŃSKI

Kiliński war ein Schuhmacher aus Warschau, der sich 1794 an die Spitze der Aufständischen aus der Altstadt stellte und die Residenz des Zarenbotschafters Ingelström in der Powdale-Straße einnahm. Von Tadeusz Kościuszko zum Oberst ernannt, focht er bei der Verteidigung Warschaus mit und wurde zweimal verwundet. Nach dem Mißlingen des Aufstandes wurde er gefangen gesetzt, an russische Beamte übergeben und dann mehrere Jahre lang in einen Turm in St. Petersburg eingesperrt. 1936 schuf Stanisław Jackowski ein Denkmal, um an den heroischen Schuhmacher zu erinnern. Ursprünglich stand es auf dem Krasiński-Platz, vor dem Palast. Während des Krieges (1942) brachten die Deutschen die Statue heimlich in das Nationalmuseum. Dies geschah aus Rache dafür, daß am Kopernikusdenkmal eine deutsche Erinnerungstafel entfernt und durch eine polnische ersetzt worden war. Wenige Tage später erschien auf den Museumsmauern die Schrift "Bürger Warschaus! Ich bin hier! Kiliński". Diese Aktion gehörte zu einer sog. kleinen Sabotage, die die Pfadfinder der Szare Szeregi (Graue Gruppe) organisierten. Außerdem erschien auf Wegweisern die folgende Inschrift: "Bezüglich der Demolierung der *Kiliński*-Statue befehle ich dem Winter, sechs Wochen länger zu dauern. Nikolaus Kopernikus, Astronom".
1945 kam die Statue wieder an ihren Platz und 1959 versetzte man sie in die Podwale-Straße.

Das Denkmal des Jan Kiliński

Der Schloßplatz bei Nacht

Das Schloß von der Kanonia-Straße aus

Die Piwna-Straße bei Nacht

JOHANNESKATHEDRALE

Dies ist die älteste Kirche von Warschau. Das ursprüngliche Holzgebäude wurde zu Beginn des 15. Jh. durch eine gemauerte Kirche ersetzt, Herzog Janusz der Ältere stiftete sie. Im 17. Jh. erhielt sie eine neue Fassade und im 19. Jh. nahm Adam Idźkowski eine radikale Renovierung in englischer Neugotik vor. Während des Warschauer Aufstands diente die Kirche als Hauptverteidigungsposten der Altstadt und wurde praktisch dem Erdboden gleich gemacht. Nach dem Krieg baute man sie in der sog. Weichsel-Gotik wieder auf.

Das Innere ist eine dreischiffige Hallenkirche (alle Schiffe haben die gleiche Höhe) mit einem langen Chor. Besondere Aufmerksamkeit verdient das spätgotische *Baryczkowski-Kruzifix* aus dem frühen 16. Jh. Gemäß der

Die Johanneskathedrale, Inneres

Die Marienkirche in der Neustadt, vom Weichselufer aus gesehen

Überlieferung soll es der Warschauer Ratsherr Jerzy Baryczka aus Nürnberg hierher gebracht haben. Die Figur des Gekreuzigten ist von großer Expressivität, das Gesicht übermittelt grenzenlosen Schmerz. Das Kruzifix befindet sich in der Kapelle des wundertätigen Jesus (Baryczków-Kapelle). Ein anderes wichtiges Werk in der Kirche ist der Grabstein der letzten masowischen Herzöge Stanisław († 1524) und Janusz († 1525), das zwischen 1527 und 1528 der italienische Bildhauer Bernardino Zanobi de Gianotis aus rotem Chęcin-Marmor gestaltete. Man beachte auch die Statue des *Stanisław Małachowski*, dem Marschall des Vier-Jahre-Seyms, die nach einem Entwurf des dänischen Bildhauers Bertel Thorwaldsen ausgeführt wurde.

NEUSTADT

KIRCHE DER HEIMSUCHUNG

Die Heimsuchungskirche wurde 1409 von Herzog Janusz d. Ä. und seiner Frau Anne als Gemeindekirche für die nördlich von der Altstadt gelegene Neustadt gegründet. Diese kleine, einschiffige Kirche mit polygonalem Altarraum verwandelte man in der zweiten Hälfte des 15. Jh. in eine Basilika mit Strebepfeilern und Stufengiebeln. 1518 verlängerte man das südliche Schiff um einen Glockenturm mit einem Bogengang im Erdgeschoß und mit Stufengiebel als Bekrönung. Im 17. und 18. Jh. fügte man auf beiden Seiten des Chors zwei Barockkapellen an. Bei späteren Restaurierungen ging der außergewöhnliche Stil der Kirche weitgehend verloren. Zwischen 1906 und 1915 konnte der gotische Charakter unter Anleitung von Józef Pius Dziekoński und Stefan Szyller wiederhergestellt werden. Während dem Warschauer Aufstand brannte sie nieder, der Neubau (1947-1952) hielt sich wieder an die gotischen Formen. Mit ihrem schönen Glockenturm fügt sich die Kirche wohltuend in das Panorama der Neustadt ein.

SAKRAMENTKIRCHE

Die Kirche der Nonnen des gesegneten Sakramentes durch Berufung des hl. Kasimir liegt an der Ostseite des Marktplatzes der Neustadt. Die Sakramentsschwestern sind Benediktinernonnen der unaufhörlichen Anbetung des hl. Sakramentes und kamen 1687 durch Königin Maria Kazimiera Sobieska aus Frankreich hierher. Sie stiftete in Warschau eine Kirche und ein Kloster für die Nonnen. Es heißt, daß die Königin einen Tag vor dem Entsatz der Belagerung Wiens durch König Johann III. (Jan Sobieski) ein Gelübde ablegte, mit dem sie diese Stiftung versprach. Die Planung der Kirche überließ man dem hervorragenden Architekt holländischer Abstammung, Tylman van Gameren. Der Grundriß hat die Form eines griechischen Kreuzes, der Zentralkörper ist achteckig und wird von einer Kuppel überwölbt. Die vier Arme der Kirche sind an ihren Fassaden von dreieckigen Giebelfeldern bekrönt, die Wappen, Kartuschen und Monogramme der Stifterin enthalten. Den Unterteil der Kirche gliedern toskanische Pilaster auf hohen Sockeln. Der kompakte und harmonische Baukörper hat elegante Proportionen und seine Dekoration zeichnet sich durch klassische Leichtigkeit aus. Das Äußere der Kirche ist mit einem Tabernakel in Tempietto-Form verglichen worden (allerdings als kleiner Zentralbau); ein klarer Hinweis auf die religiösen Ideale der Kongregation, nämlich die unablässige Anbetung des hl. Sakramentes. Das lichte Kircheninnere ist ein einheitlicher, harmonischer Raum. In den vier Seitenarmen befinden sich der Hochaltar, der Chor und Seitenkapellen, darüber runden sich Tonnengewölbe, über der Vierung erhebt sich die Kuppel auf einem hohen Tambour, der von mehreren Fenstern durchbrochen ist. Das hereinflutende Licht belebt und modelliert die Wände. In der Mitte des 18. Jh. kam das Grab von König Johanns III. Großtochter Maria Karolina, geb. Sobieska, Herzogin von Bouillon in die Kirche. Das Grabmal mit dem großen Bogen, dem Sarkophag und der allegorischen Frauenfigur ist ein Werk des italienischen Bildhauers Lorenzo Matella.

Die Sakramentkirche zusammen mit dem anschließenden Kloster wurde während des Aufstandes von 1944 zerstört. Seit den ersten Tagen des Aufstandes boten die Nonnen Zivilisten aus der Nachbarschaft in der Kirche und in den Kellern des Klosters Zuflucht. Im August wurde sogar ein Hospital für die Aufständischen eingerichtet. Wegen der außergewöhnlichen Umstände entschlossen sich die Nonnen, ihre strengen Klausurbestimmungen aufzuheben und überließen ihre Zellen verwundeten Aufständischen. Als Vergeltungsmaßnahme zerbombten die Deutschen Kirche und Kloster, praktisch blieb kein Stein auf dem anderen. Nach dem Krieg wurde die Kirche wieder aufgebaut (1949-1953) und zwischen 1960 und 1961 konnte auch das Grab der Karolina von Bouillon rekonstruiert werden.

Der Marktplatz der Neustadt mit Sakramentkirche

Sakramentkirche und -kloster

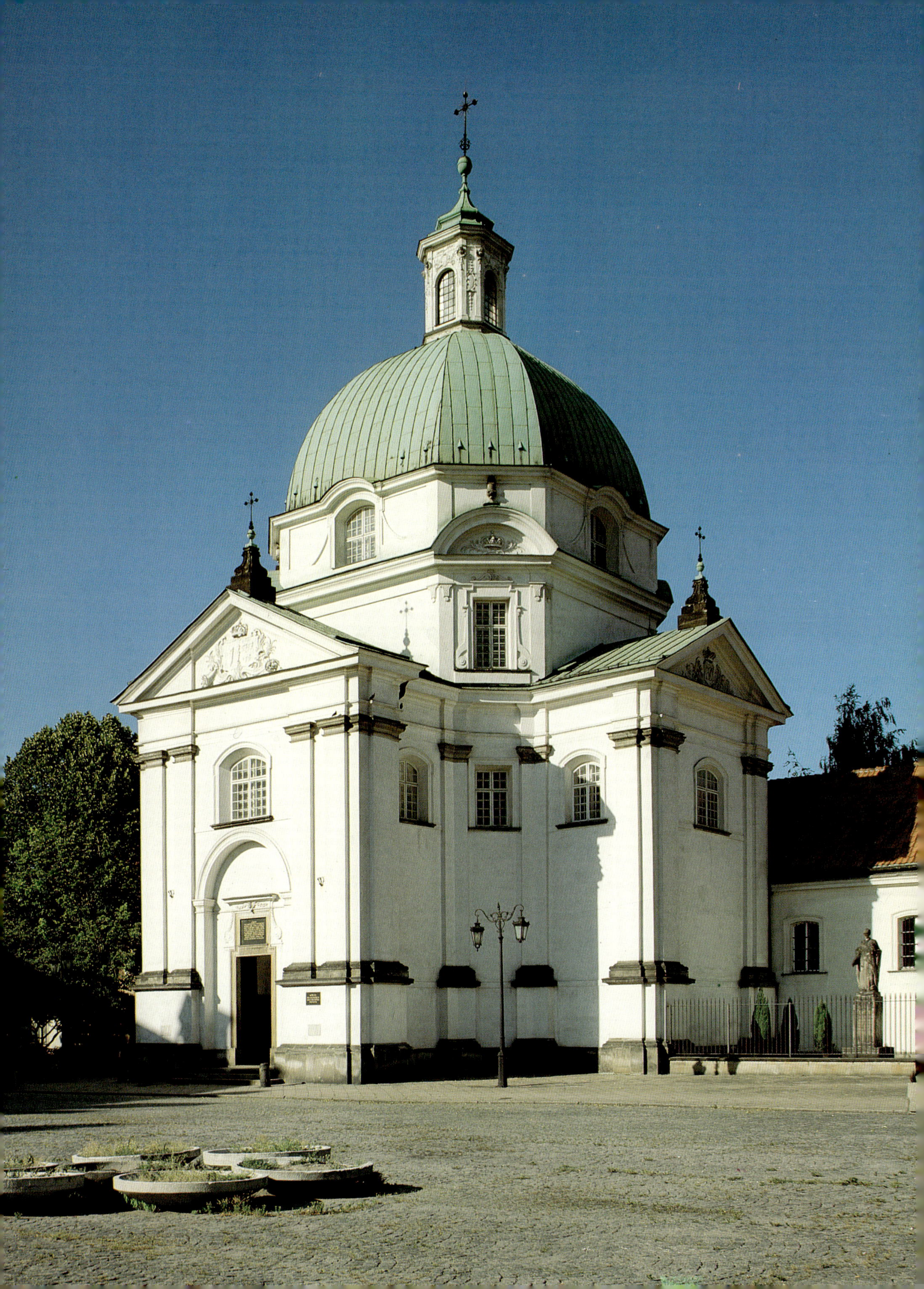

KRAKOWSKIE PRZEDMIEŚCIE

Die Krokowskie Przedmieście (d.h. Krakau-Vorort) verläuft vom Schloßplatz Richtung Süden und entspricht der Straße, die vom ehemaligen Krakautor nach Ujazdów führte und weiter nach Czersk, also die Hauptstraße, die vom alten Warschau nach Süden ging. Bis zum 15. Jh. nannte sie sich Czerskie Przedmieście und nach der Errichtung von Bernhardinerkloster und -kirche Bernardyńskie Przedmieście. Der heutige Name setzte sich in der Mitte des 16. Jh. durch. Während des 17. und 18. Jh. entstanden hier großartige Adelspaläste, Bürgerhäuser und Kirchen, die Straße galt als eine der elegantesten der Hauptstadt.

In dem Teil zwischen dem Schloßplatz und der Miodowa (Honig) -Straße, gegenüber von der St. Annenkirche, stehen einige der interessantesten Bürgerhäuser des 18. Jh.

Prażmowski-Haus, Detail der Fassade

Häuserflucht in der Kraskowskie Przedmieście

John-Haus, Detail der Fassade am Schloßplatz

Das sog. John-Haus (nach dem Namen eines Besitzers, Aleksander John) liegt am nächsten zum Platz und wurde in der Mitte des 18. Jh. gebaut. Ein hohes Mansardendach erhebt sich über den Fassaden mit ihren flachen Lisenen. Direkt am Dachansatz und auf den Feldern zwischen den Fenstern befinden sich zarte Rokokoornamente. Das im letzten Krieg zerstörte Haus wurde nach Canalettos Gemälde mit der Vedute der Krakowskie Przedmieście von der Sigismundsäule aus wieder aufgebaut. Das benachbarte Prażmowski-Haus ist wohl das eleganteste Rokokogebäude, das sich ein freier Bürger errichtete. Es entstand zwischen 1660 und 1667 für den königlichen Arzt Pastorius und kam dann in den Besitz von Mikołaj Prażmowski. 1754 ließ es die Leszczyński-Familie in spätem Barockstil vollständig erneuern. Die Fassade zur Krakowskie Przedmieście hat in der Mittelachse eine Art Kehlung, in die als Viertelkreissegmente drei Balkone mit schmiedeeisernen Balustraden eingefügt sind, eine Rokokokartusche bekrönt das Ganze. Die Fassade zur Senatorska-Straße erhielt am Ende des 18. Jh. eine klassizistische Dekoration. Im 19. Jh. wurden zwei Joche des Nachbargebäudes zu diesem Haus hinzugefügt, heute hat hier der polnische Schriftstellerverband seinen Sitz.
An der Ecke zur Miodowa-Straße erhebt sich ein monumentales klassizistisches Haus, das 1784 nach dem Entwurf von Szymon Bogumił Zug für die Kaufleute Roessler und Hurtig erbaut wurde. Zu dem gemeinschaftlichen Besitz gehörte im Erdgeschoß ein großes Warenhaus, im ersten Stock lagen Wohnungen und die Appartements der Besitzer. Gegen Ende des 19. Jh. kam noch ein weiterer Gebäudeflügel hinzu. Damals wurde auch die Seitenfassade zur Miodowa-Straße gestaltet. Dieser Immobilienbesitz von Roessler und Hurtig enthielt das erste große Warenhaus von Warschau.

St. Annenkirche, Fassade

St. Annenkirche, der Chor

St. Annenkirche, das Innere

ST. ANNENKIRCHE

Die malerisch auf dem Abhang zur Weichsel gelegene Annenkirche ist vom historischen und architektonischen Gesichtspunkt aus hochinteressant. Sie entwickelte sich im Verlauf von mehr als drei Jahrhunderten und zeigt daher verschiedene stilistische Merkmale. Der Gebäudekörper verrät die einzelnen geschichtlichen Perioden, die untere Apsis enthält noch Reste der ersten Kirche, der obere Altarraum und das noch höhere Kirchenschiff stammen aus späteren Zeiten. Die heutige Kirche und ihr Inneres sind barock, aber im Chorbereich kann man Fragmente der gotischen Mauern finden. Die Kapelle der Krycki-Familie an der Nordseite (heute Ladyslaw von Gielinów-Kapelle) gehört der Spätrenaissance an, während die Fassade im Klassizismus gebaut wurde.
Der erste Kirchenbau erfolgte 1454 auf Veranlassung der masowischen Herzogin Anne und ihres Sohnes Bolesław IV. für die Bernhardinermönche. Der Orden hatte nur ein Jahr früher in Krakau Fuß gefaßt. Der Grundriß dieser aus Ziegeln gemauerten Kirche hatte die Form eine länglichen Rechtecks, das nach Westen offen war. Die gotischen Wände der heutigen Apsis sind Reste dieser ersten Kirche. Als Patron der Kirche galt der Ordensgründer, der hl. Bernhard von Siena (die Widmung an die hl. Anne kam erst im 16. Jh. zu Tage). Im Jahr 1515 erlitt die Kirche einen Brand, danach begann der Wiederaufbau und die Erweiterung, diese Phase dauerte bis 1533. Die Reste der zweiten Kirche erkennt man an der nördlichen roten Ziegelmauer mit den jetzt verschlossenen Spitzbogenfenstern. Zwischen 1578 und 1584 ließ Königin Anna Jagellonka in der Nähe der Kirche einen Glockenturm bauen. 1620 entstand eine rechteckige Kapelle mit Kuppel an der Nordseite des Chores, die der Familie Kryski aus Drobin als Mausoleum diente. Während der schwedischen Belagerung von Warschau (1657) brannte die Kirche wieder ab. Der im folgenden Jahr begonnene Neubau dauerte bis 1667. Die bis dahin gotische Kirche erhielt eine barocke Form, unter Beibehaltung der tragenden Mauern. Die gotischen Fenster wurden vermauert, die Kirche erhöht, man brach neue, rechteckige Fenster in das Mauerwerk und eine zweite Reihe von Fenstern öffnete sich in dem erhöhten Schiff und im Altarraum. Das

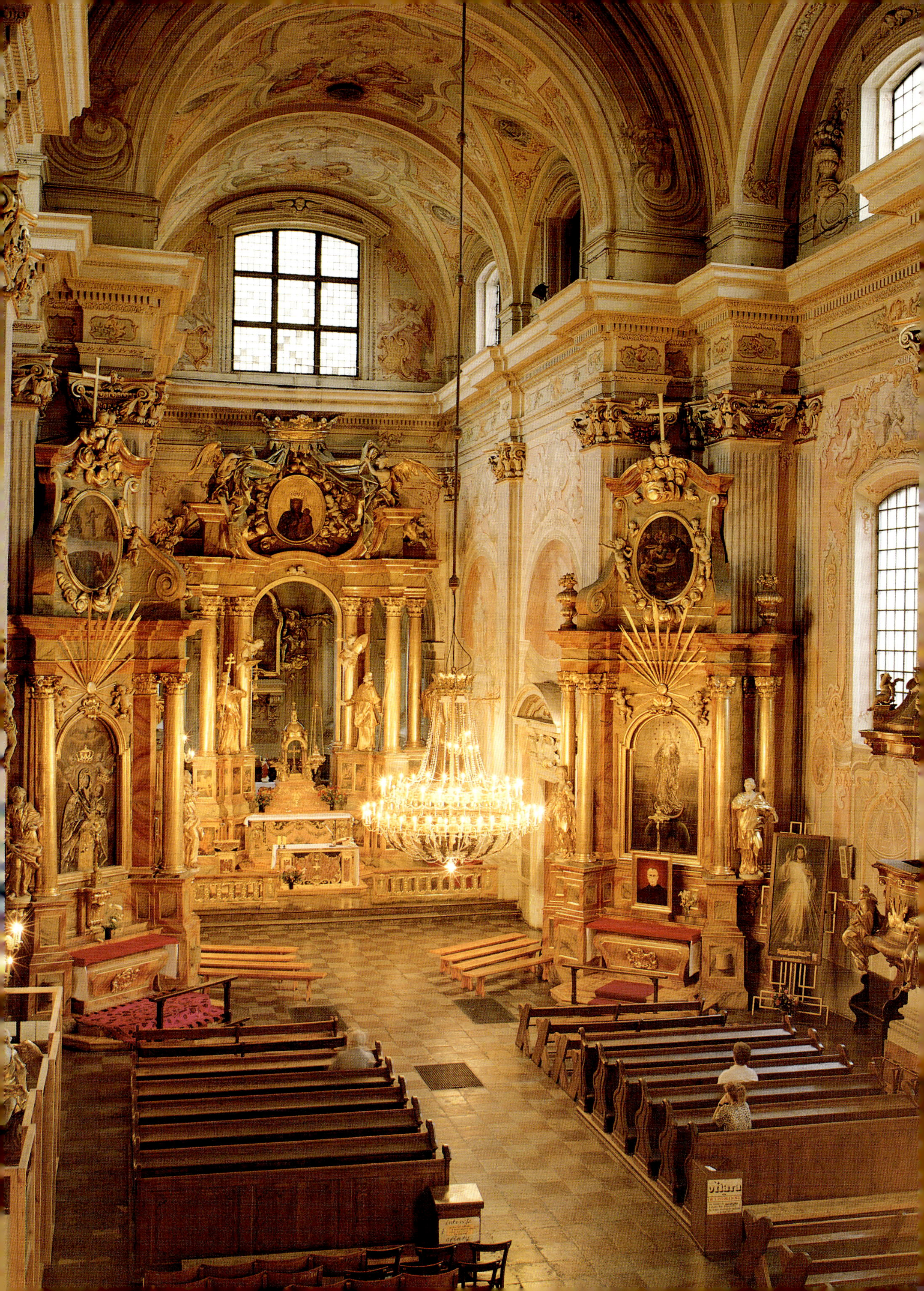

Auf dieser und der nächsten Seite:
St. Annenkirche, Inneres

Vollendungsdatum A.D. MDCLXVII wurde an der östlichen Wand der Kirche angebracht.
Die letzte Veränderung am Äußeren erfolgte in den Jahren 1786-1788, als man die barocke durch eine klassizistische Fassade ersetzte. Einige ältere Dekorationselemente wurden entfernt oder verdeckt, andere wurden in eine neue Relation gesetzt, denn man sah damals die antike römische Architektur als Vorbild, wie z. B. beim korinthischen Portikus oder dem Triumphbogen. Außerdem nahm man sich die Fassaden zweier venezianischer Kirchen zum Modell, Il Redentore und San Giorgio Maggiore, die der berühmte Renaissancearchitekt Adrea Palladio (1508-1588) entworfen hatte. Der Bauplan für die Warschauer Fassade entstand aus der Zusammenarbeit von Peter Aigner und Stanisław Kostka Potocki, dem Hauptvertreter der polnischen Aufklärung und Kunstkenner. Die Stifter waren König Stanislaus August und der Bürger Józef Kwieciński. An der Fassaden befinden sich in rechteckigen Nischen vier Apostelfiguren, die Jacopo Monaldi gestaltete (wie üblich trägt der hl. Johannes die Gesichtszüge von König Stanislaus August). Über dem Hauptportal gibt es eine Inschrifttafel, die über die Verdienste des Stifters, dem regierenden Monarchen, informiert und wann das Werk begonnen wurde. Darüber befindet sich ein Adler mit ausgebreiteten Flügeln und einer Lorbeerkrone. Über der Archivolte des großen Bogens, der das Portal einfaßt, sieht man zwei geflügelte Allegorien des Ruhms. Die ursprünglich am Tympanon angebrachte Uhr ersetzte man im 19. Jh. durch das Stuckmonogramm "SA", was sowohl St. Anna als auch Stanislaus August bedeuten kann. Auf der Südseite fügt sich eine klassizistische Arkade an die Kirche an, die zwischen 1819 und 1821 errichtet wurde und die Fassade des westlichen Klosterflügels verbirgt. Während die Arkade gebaut wurde, gab man dem im 16. Jh. von Anna Jagellonka errichteten Glockenturm eine Neurenaissance-Form und verband ihn mittels einer Arkadenwand mit der Kirche, so daß ein harmonisches Ganzes entstand. Beide Projekte entwarf Aigner.
Das Innere der Kirche gehört überwiegend dem Barock an. Die Großartigkeit der Dekoration und die reiche Ausstattung stammen zum größten Teil aus dem 17. und dem frühen 18. Jh. Die Architekturelemente haben reife Barockformen. Das Licht wird von Fenstern reflektiert, die Spiegeln ähneln und in Nischen an der Südwand angebracht sind. Die starke Licht- und Schattenwirkung steigert den Bewegungseffekt und die Dynamik der Formen. Überall im Inneren befinden sich Gemälde von Bruder

Walenty Żebrowski, die in den vierziger Jahren des 18. Jh. entstanden. Unter dem Architrav befinden sich gemalte Kartuschen mit Propheten und Prophetinnen.

Den Chor schmücken vier große Scheinnischen, von denen zwei Portale einfassen. In den andern beiden erscheinen vorgetäuschte Altäre mit den Gemälden *Der selige Jan von Dukla betet die hl. Jungfrau an* und *Rafal von Proszowice*. Auch unter den Fenstern des Kirchenschiffs befinden sich vorgetäuschte Nischen, doch die Pfeiler sind mit gemalten Landschaften und Architekturen geschmückt. Die engelgleiche hl. Jungfrau Maria ist am Apsisgewölbe hinter dem Altar dargestellt, während im Chor und am Gewölbe des Kirchenschiffs Szenen aus der Legende der hl. Anna und aus der Kindheit der Jungfrau Maria nach *apokryphen* Bibeltexten erscheinen (alle diese Darstellungen sind Rekonstruktionen). Zwischen 1751 und 1753 malte Żebrowski auch die Kapelle des hl. Ladyslaw von Gielniów (früher Kryski-Kapelle) aus, der der Schutzpatron von Polen, Litauen und Warschau gewesen war. Über dem Portal zur Kapelle, die neben dem Chor liegt, befindet sich eine geflügelte *Ruhmesfigur* (17. Jh.), die auf der Himmelskugel steht. Seitlich von der Sphärenkugel schweben zwei *Putten*, die die Attribute des hl. Ladyslaw halten, die Geißel und Christus an der Säule. Die Komposition entstand nach einem Plan von Tylman van Gameren. Tylmann war wahrscheinlich auch der Urheber des Hauptaltars aus den Jahren 1677-1680. Der Altar ist so breit wie der ganze Chor und unterteilt ihn in zwei Hälften, der höhere Teil ist aus dem Barock, an der Stelle der tiefer gelegenen Apsis stand früher der Klosterchor. Er besteht aus sechs raumgreifenden korinthischen Säulen mit paarweise zusammengefaßten Sockeln, die den großen Bogen einrahmen. Der Bogen öffnet sich auf das Bild im Hintergrund an der Apsiswand, mit der *Hl. Anna selbdritt*. Zwischen den Säulen stehen Heilige des Bernhardinerordens. Oben am Altar erscheint ein ovales Gemälde mit der *Jungfrau Maria mit dem hl. Kind von zwei Putten gestützt*. Sehr interessant und originell ist die Dekoration der Sockel, für die orientalischen Motive kam chinesischer Lack zum Einsatz. Man erkennt exotische Landschaften, fantastische Gebäude, blühende Bäume und Zweige, Paradiesvögel, Flamingos, Ringeltauben und Schmetterlinge. Die sechs architektonischen Seitenaltäre stammen aus dem ersten Viertel des 18. Jh. Neben Altären schmückt die Kirche auch Mobiliar wie die Kanzel mit sitzenden Mönchen und der bekrönenden Figur des *Hl. Ladislaw von Gielniów*, außerdem ein Beichtstuhl des 18. Jh. mit Darstellungen des *Hl. Petrus* und des *Hl. Johannes Nepomuk*, für die Intarsientechnik verwendet wurde. Wohl keine der Kirchen Warschaus besitzt eine derartig reiche Innendekoration wie diese hier. Zum Glück wurde die Annenkirche im Krieg nicht zerstört, sie erlitt nur Brandspuren. Von 1946 bis 1962 widmete man ihr eine sorgfältige Restaurierung. Heute dient sie als akademische Kirche, in der Gottesdienste für Studenten abgehalten werden.

Die Muttergottes von Passau

Adam Mickiewicz-Denkmal

DIE MUTTERGOTTES VON PASSAU

In der Nähe der Annenkirche findet man die Steinfigur der *Muttergottes von Passau*. Das kleine Standbild blieb zum Glück von allen geschichtlichen Wechselfällen unberührt und erhob sich schon immer auf einem kleinen Platz bei der Krakowskie Przedmieście. Die Skulptur wurde schon 1683 vollendet und konnte nach der Sigismundsäule als zweites Standbild von Warschau errichtet werden. Sie ist ein Werk des Architekten Giuseppe Simone Belotti und die skulpturale Version des Gemäldes von Passau *Maria mit dem Kind* (aus dem Umkreis Cranachs), die in Osteuropa als Beschützerin vor der Pest verehrt wurde. Es scheint jedoch, daß man diese Statue nicht gegen die Pest errichtete, sondern um des Sieges von König Johann III. bei Wien zu gedenken. Maria umfängt das Kind voller mütterlicher Zuneigung, blickt jedoch über seinen Kopf hinweg auf die Stadt. Die Arbeit spiegelt die Kunst eines erfahrenen Bildhauers wieder, der mit der Schwierigkeit umzugehen wußte, daß die Figur auf einem hohen Sockel Aufstellung fand. Mit Absicht veränderte er deshalb die Gesichtszüge, um der Verkürzung bei der Ansicht von unten entgegenzuwirken.

MONUMENT FÜR ADAM MICKIEWICZ

Die an den großen polnischen Nationaldichter erinnernde Statue wurde 1898 anläßlich seines hundertsten Geburtstages aufgestellt, die dafür erforderliche Summe kam durch eine öffentliche Spendenaktion in Polen zusammen. Der spätere Nobelpreisträger Henryk Sienkiewicz stand dem dafür einberufenen Komitee vor. Den Auftrag erhielt Cyprian Godebski, der zwar aus einer polnischen Familie stammte, aber in Frankreich lebte. Dort war er ein angesehener Künstler, u.a. schuf er die Büsten berühmter Polen wie Konarski, Kraszewski und Mickiewicz sowie Kompositionen mit nationaler Thematik, die jedoch alle im Ausland blieben.

Das Mickiewicz-Monument sollte mitten in Warschau auf einem eleganten Platz bei der Krakowskie Przedmieście neben der Karmeliterkirche stehen. Entsprechend den Wünschen des Kommittees wollte man eine schlichte Skulptur des Dichters auf einem Sockel, ohne allegorische Figuren oder überflüssige Symbole. Der Künstler entsprach diesen Auflagen. Das Monument ist 14,5 m hoch, die Statue allein mißt mehr als 4 m. Der Poet erscheint stehend, in dem für ihn typischen Gehrock, mit

einem Mantel über die Schulter geworfen. Er erhebt die Augen nach Inspiration suchend gen Himmel und legt seine rechte Hand auf die Brust. Der Sockel entstand nach einem Entwurf von Józef Pius Dziekoński und Władisław Marconi, ihn schmückt der Kopf Apollons, des Gottes der Künste. Die das Haupt umgebenden Strahlen symbolisieren die poetische Erleuchtung. Drei Attribute der Dichtkunst, Leier, Palmenzweig und Papyrusrollen befinden sich über dem Kopf Apolls. Die Sockelinschrift besagt "Für Adam Mickiewicz von seinen Landsleuten" und trägt die Jahreszahl 1898. Man pries die Statue überall wegen ihres Realismus, wegen ihrer Ähnlichkeit mit dem Dichter, der getreuen Nachbildung des Gewandes und der romantischen Pose.
Die feierliche Denkmalsenthüllung fand am 24. Dezember 1898 statt.

KARMELITERKIRCHE

Die Karmeliterkirche ist der Himmelfahrt Mariens und dem hl. Joseph gewidmet, den Entwurf gestaltete Giuseppe Simone Belotti. Das Innere hat barocke Formen, während die Fassade, die Michał und Karol Radziwiłł in Auftrag gaben, von Efraim Szreger zwischen 1761 und 1762 entworfen wurde. Die Ausführung dieses frühesten Beispiels klassizistischer Architektur auf polnischem Boden kam 1782 zum Abschluß. Der Architekt inspirierte sich an dem im 17. Jh. üblichen Schema der zweistöckigen Kirchenfassade, das er vereinfachte und von barockem Beiwerk befreite. Statt Figurengruppen errichtete er rechts und links zwei originelle Glockentürmchen. Die Mittelachse flankieren auf beiden Ebenen Doppelsäulen und das Ganze wird von einer großen Kupferkugel bekrönt, die den Erdball symbolisiert. Die Fassade ist eine der wenigen in Warschau, die aus Quadersteinen zusammengesetzt ist. Die klassizistische Ausgewogenheit unterbrechen in gewisser Weise einige Skulpturen, die dem Rokoko angehören, das gilt vor allem für die Allegorien von *Hoffnung* und *Liebe* auf dem oberen Fassadengesims, die als von Kindern umgebene Frauenfiguren dargestellt sind.
Das Kircheninnere ist einschiffig mit einer Reihe von durch Bögen verbundenen Seitenkapellen. Über der Vierung befindet sich eine Scheinkuppel, die Wände sind mit korinthischen Pilastern geschmückt. Der Hauptaltar und die Seitenaltäre stammen aus der Mitte des 18. Jh. Am linken Altar befindet sich eine *Vermählung Mariens* von Jan Jerzy Plersch, ebenfalls aus dem 18. Jh. Auf den Altären der nördlichen Kapellen gibt es zwei Gemälde von Franciszek Szmuglewicz, sie stellen den *Hl. Laurentius* und den *Hl. Johannes unter dem Kreuz* dar.

Denkmal des Adam Mickiewicz und Karmeliterkirche

Wessel-Palast (das sächsische Postamt)

Wessel-Palast, Detail der Eckfassade
Czartoryski-Palais
(Ministerium für Kultur und Kunst), Eingangstor

WESSEL-PALAST

Dieses Stadtpalais entstand etwa in der Mitte des 18. Jh. für General Franciszek Jan Załuski, dort wo die Straßen Kozia, Trębacka und Krakowskie Przedmieście zusammentreffen. Es unterscheidet sich von anderen Bürgerhäusern durch seinen Umfang. Die eleganten Dekorationen der Fassaden gehören dem Rokoko an. Seit 1761 besaß den Palast Theodore Wessel, von 1780 bis 1784 befand sich hier der Sitz der königlichen Post. Gegen Ende des 19. Jh. wurde er nach einem Entwurf von Władysław Marconi erneuert, man erhöhte ihn um ein Stockwerk und fügte eine neue Fassade an, weil die Trębacka-Straße erweitert wurde. Heute hat hier die Oberste Staatsanwaltschaft ihr Amt.

CZARTORYSKI (POTOCKI) -PALAIS

Die ehemalige Residenz von Maria und August Czartoryski an der Krakowskie Przedmieście ist nur einer von einer Gruppe eleganter Paläste, die hufeisenförmig um einen Ehrenhof angelegt sind. Zur Straße hin schließt den Hof ein dekoratives Gitterwerk ab. In den dreißiger Jahren des 18. Jh. kam es zu einem Umbau, weil der Palast des 17. Jh., der der Denhoff-Familie gehörte, erweitert werden sollte. Die größten Architekten dieser Zeit, Giuseppe Fontana und Jan Zygmunt Deybel arbeiteten zusammen. 1763 entstand an der Krakowskie Przedmieście ein Wächterhaus in barocken Formen, mit Skulpturendekoration von Sebastian Zeisel. Gegen Ende des 18. Jh., als die Residenz der Herzogin Izabela Lubomirska, geb. Czartoryska gehörte, verschönerte man das Hauptgebäude mit dem von Szymon Bogumil Zug gezeichneten klassizistischen Portikus. Gleichzeitig gestaltete man das Innere neu und folgte dabei den Entwürfen von Jan Chrystian Kamsetzer. 1897 ging die Restaurierung des Palastes, der damals bereits der Potocki-Familie gehörte, an Władysław Marconi über. Die wunderschönen Eisentore mit dem Wappen der Potocki von Pilawa entwarf Marconi im Stile Louis-quinze. Heute befindet sich hier das Ministerium für Kultur und Kunst, während die Wache eine Kunstgalerie enthält, die Wechselausstellungen polnischer Kunst zeigt.

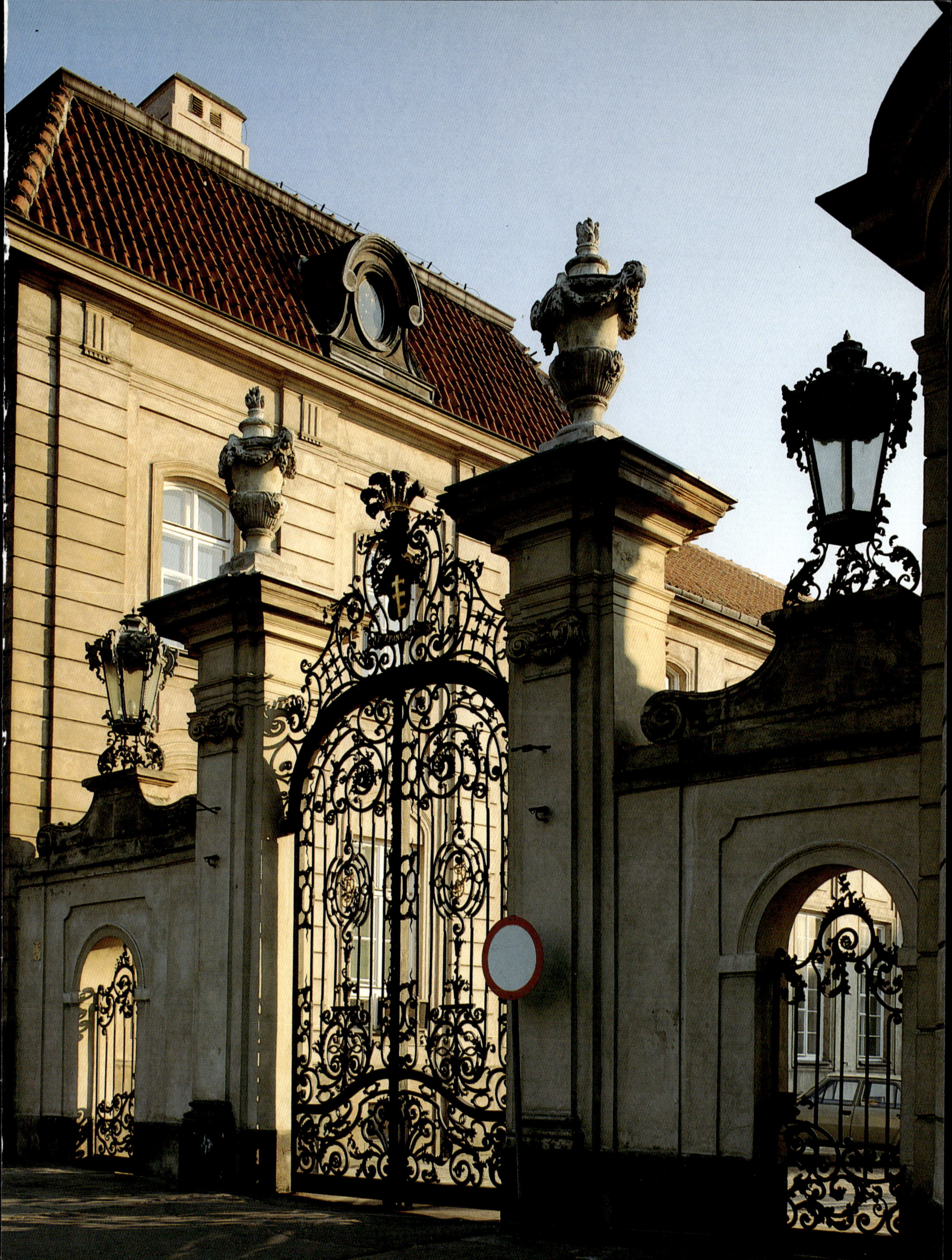

Visitantinnenkirche

Visitantinnenkirche, Inneres

VISITANTINNENKIRCHE

Die Visitantinnen oder die Nonnen, die zum Orden von der Heimsuchung Mariä gehörten, kamen 1654 durch Luise Maria Gonzaga, Frau von König Johann Kasimir, von Paris nach Polen. Zunächst waren die Kirchen- und Klostergebäude aus Holz. Die heutige Kirche ist dem hl. Joseph gewidmet und entstand in mehreren Abschnitten während des 18. Jh., ein hervorragendes Beispiel polnischen Spätbarocks. Ihr Entwurf stammt von Karol Bay, die Stifterin war Elżbieta Sieniawska, Frau des Hetman. Der erste Bauabschnitt (1728-1733) mußte mangels weiterer Finanzierung unterbrochen werden. Erst später, 1754-1763, konnte der Baumeister Efraim Szreger die Arbeiten fortführen. Obwohl in zwei Stadien und mit zwei künstlerischen Konzeptionen und mit einer ziemlich langen Unterbrechung gebaut, entstand doch ein harmonisches Ganzes. Das sieht man am besten an der Fassade, die unteren zwei Stockwerke wurden von Bay geplant, die Bekrönung wahrscheinlich von Jacopo Fontana. Der Unterteil der Fassade hat eine bewegte, stark plastische Flächengestaltung, mit paarweise angeordneten Säulen und Nischen dazwischen. Der flacher gehaltene Aufsatz mit seinen sechs Pilastern steht dazu im Kontrast, wirkt aber nicht unharmonisch. Die Fassadendekoration besteht aus Nischenfiguren, einem Rokoko-Ornament und bekrönenden Figuren. In den Nischen des mittleren Fassadenabschnitts stehen die Begründer der Ordensregeln der Visitantinnen, der *hl. Franz von Sales* und der *hl. Augustin*. Das Symbol der göttlichen Vorsehung (ein Auge in einem Dreieck) erscheint am Tympanon, die Szene mit der Heimsuchung in der Nische der Bekrönung. Daneben stehen auf Sockeln Marias Verwandte, die *hl. Anna* und der *hl. Joachim*, außerdem *Johannes der Täufer* und der *hl. Joseph*. An der Spitze der Fassade befindet sich das von zwei Engeln angebetete Kreuz.

Das einschiffige Kircheninnere wird von Seitenkapellen begleitet, der Chor ist etwas schmaler als das Kirchenschiff. Der architektonisch gefaßte, großartige Hauptaltar, den Efraim Szreger entwarf und die Werkstatt des Jan Plersch ausführte, wird von der ausdrucksstarken Figur Gottvaters in der Glorie bekrönt, der die Gläubigen segnet. Ihn umgeben Engel und Putten sowie die Taube des hl. Geistes. Am Altar selbst sieht man ein Gemälde von Tadeusz Kuntze-Konicz mit der *Heimsuchung* und ein Ebenholztabernakel in Form einer Barockkirche, das Königin Luise Maria stiftete.

Die bootförmige Kanzel aus Plerschs Werkstatt verdient besondere Aufmerksamkeit. Sie hat die Form eines Bugs und der dicke Mast bildet mit dem Querholz ein Kreuz. Der über Bord hängende Anker symbolisiert die Hoffnung. Der silberne Adler mit ausgebreiteten Flügeln galt während der polnischen Teilungen als ein Symbol der Unabhängigkeit. In der Kirche gibt es mehrere Gemälde aus dem 17. und 18. Jh., eines von Padre Franciszek Lekszycki, stellt die *hl. Anna* dar und eines mit der *hl. Aloisia Gonzaga* wird Daniel Schulz zugeschrieben.

In jüngster Zeit stellte man vor der Kirche das Monument des Primas von Polen, Kardinal Stefan Wyszyński auf.

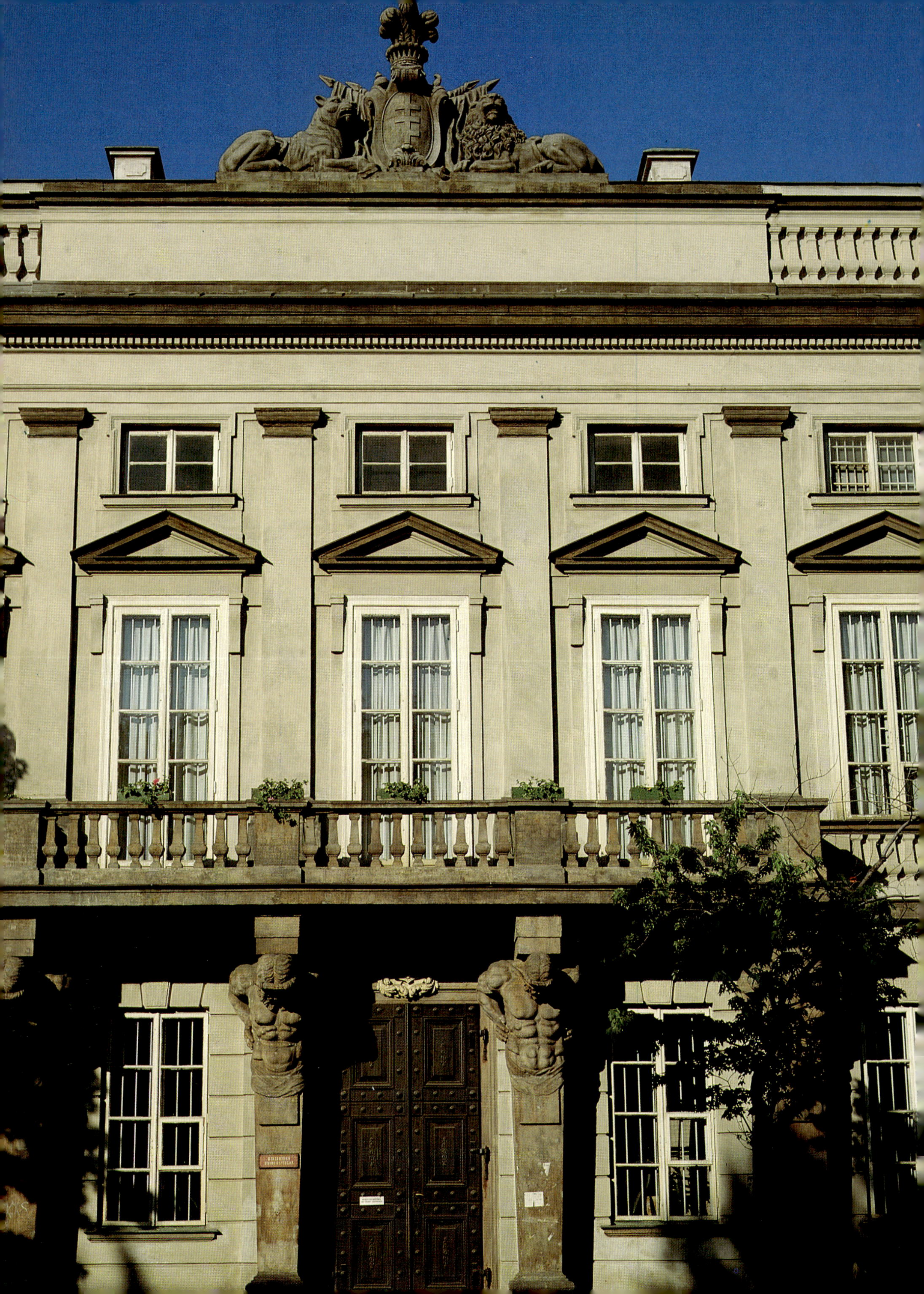

Tyszkiewicz-Palast, eine der Atlantenfiguren

◀ Tyszkiewicz-Palast

Reiterstatue des Herzogs Józef Poniatowski

DER TYSZKIEWICZ-PALAST

Das klassizistische Palais, das Stanisław Zawadzki und Jan Chrystian Kamsetzer entwarfen, wurde in den Jahren 1785-1792 für den Großmarschall von Litauen, Ludwik Tyszkiewicz errichtet. Besonders typisch für diese Architektur sind die von André Le Brun gestalteten Atlantenfiguren an der Fassade zu der Krakowskie Przedmieście. Sie stützen den Balkon des ersten Stockwerks und fassen gleichzeitig den Haupteingang ein. Die Figuren wurden nach den Atlanten des Dionysius-Theaters in Athen ausgehauen. Die Seitenwand, die zur Kirche der Visitantinnen blickt, ist mit Halbsäulen dekoriert, die die Fenstertüren des ersten Stockwerks einfassen, die ihrerseits auf den von steinernen Konsolen getragenen Balkon führen. Der Palast wird von Emblemen mit Fahnen und Waffen bekrönt, die darauf anspielen sollten, daß der Besitzer das Amt eines Hetman innehatte. Das Innere mit Eingangshalle, Treppenhaus und einem Ballsaal im Obergeschoß verziert eine reiche Stuckdekoration, die zwischen 1787 und 1789 nach einem Entwurf von Jan Chrystian Kamsetzer ausgeführt wurde. Nach den Schäden des Zweiten Weltkriegs wiedererrichtet, beherbergt das Gebäude heute das Zeichnungenkabinett der Universitätsbibliothek.

STATUE DES HERZOGS JÓZEF PONIATOWSKI

Die Ausführung des Monumentes übertrug man Bertel Thorwaldsen. Er nahm sich für die Figur des Herzogs Józef die antiken Helden zum Vorbild. Die zeitlose Jugend, die klassischen Formen, die antike Gewandung und das nach vorne gestreckte Schwert sowie das edle, majestätische Pferd, alles spricht für eine Assoziation mit dem römischen Mark Aurel. Allerdings kommt nicht die wirkliche, ungestüme Natur des Herzogs zum Ausdruck und auch nicht sein heroischer Tod fürs Vaterland. Thorwaldsen vollendete die Statue 1832, doch durfte sie nicht in Warschau aufgestellt werden. Auf Befehl des Zaren transportierte man sie nach Modlin, von wo sie der Gouverneur des Zaren, Herzog Ivan Paskiewicz auf seine Residenz in Homle brachte. Erst nach dem Ersten Weltkrieg kam das Reiterbildnis nach Warschau, wo es auf dem Saski-Platz vor der Kolonnade des Saski-Palais seinen Standort fand. Nach der Zerstörung im Zweiten Krieg konnte es nach dem Modell im Thorwaldsen-Museum in Dänemark neu gegossen werden, als ein Geschenk des dänischen Volkes. Zunächst stand es vor der Orangerie im Łazienski-Park. 1965 entschied man sich, ihm einen Platz an der Krakowskie Przedmieście zuzuerkennen.

Warschauer Universität, Detail des Tores

Warschauer Universität, Tor und Detail des Uruski-Palastes

Das Gebäude der Universitätsbibliothek

UNIVERSITÄT WARSCHAU

Die Universität von Warschau wurde 1816 auf Initiative von Stanislaus Staszic und Stanisław Kostka Potocki eingerichtet, indem sie die Rechts- und Verwaltungsschule (1908 gegründet) und die Medizinschule (1809 gegründet) miteinander verbanden. Es gab fünf Fakultäten, Theologie, Recht und Verwaltung, Medizin, Philosophie, Schöne Künste und Naturwissenschaften. Die zaristischen Machthaber schlossen die Universität im Jahr 1830. Erst 1862 öffnete sie wieder ihre Tore als Warschauer Hauptschule, aber nur bis 1869,- danach verwandelten sie die Russen in eine Universität des russischen Reichs. 1915 wurde sie endlich wieder eine polnische Universität. Zwischen 1935 und 1939 hieß sie dann Józef Piłsudski-Universität. Während dem letzten Krieg war sie während der deutschen Besatzung von neuem geschlossen, der Unterricht ging aber im Untergrund weiter. Nach dem Wiederaufbau ist sie heute die größte Universität des Landes. Die Universitätsgebäude stehen längs der Krakowskie Przedmieście bis zur Böschung über der Weichsel. Der Eingang erfolgt durch das neubarocke **Tor** von Stefan Szyller, über dem sich in der Mitte der gekrönte *polnische Adler* erhebt. Rechts und links stehen in Nischen Steinskulpturen.

UNIVERSITÄTSBIBLIOTHEK

Ebenfalls nach Plänen von Szyller wurde sie 1891 bis 1894 errichtet. Als Bekrönung über der Fassade erscheint die Skulpturengruppe *Apotheose von Kenntnis und Wissenschaft*. An der Rückwand des Gebäudes befindet sich ein Tympanon mit der Darstellung *Juno bietet den Göttern im Olymp Wissenschaft* an, darunter stehen Büsten von Wissenschaftlern auf dekorativen Konsolen. Im Inneren des Gebäudes gibt es Büchersammlungen, Lesesäle, einen großen, zwei Stockwerke hohen Katalogsaal, dessen Stahlkonstruktion ein Glasdach trägt, Handschriften- und Bibliotheksräume. Alle dem Publikum zugänglichen Räume haben eine reiche Stuckdekoration.
Der Kasimir-Palast liegt hinter dem Bibliotheksgebäude und wurde 1634 für König Władysław IV. errichtet und anschließend von König Johann Kasimir umgestaltet (1660). Heute ist der Kasimir-Palast das Rektorat der Universität Warschau. Zu den Universitätsgebäuden zählt auch der Uruskich-Palast, ein Neurenaissance-Gebäude (1844-1847), das der Architekt Andrzej Goloński plante. Heute ist hier das geographische Institut der Universität untergebracht. Der daneben liegende Tyszkiewicz-Palast enthält wie gesagt die Sammlung des Zeichnungenkabinetts der Universitätsbibliothek.

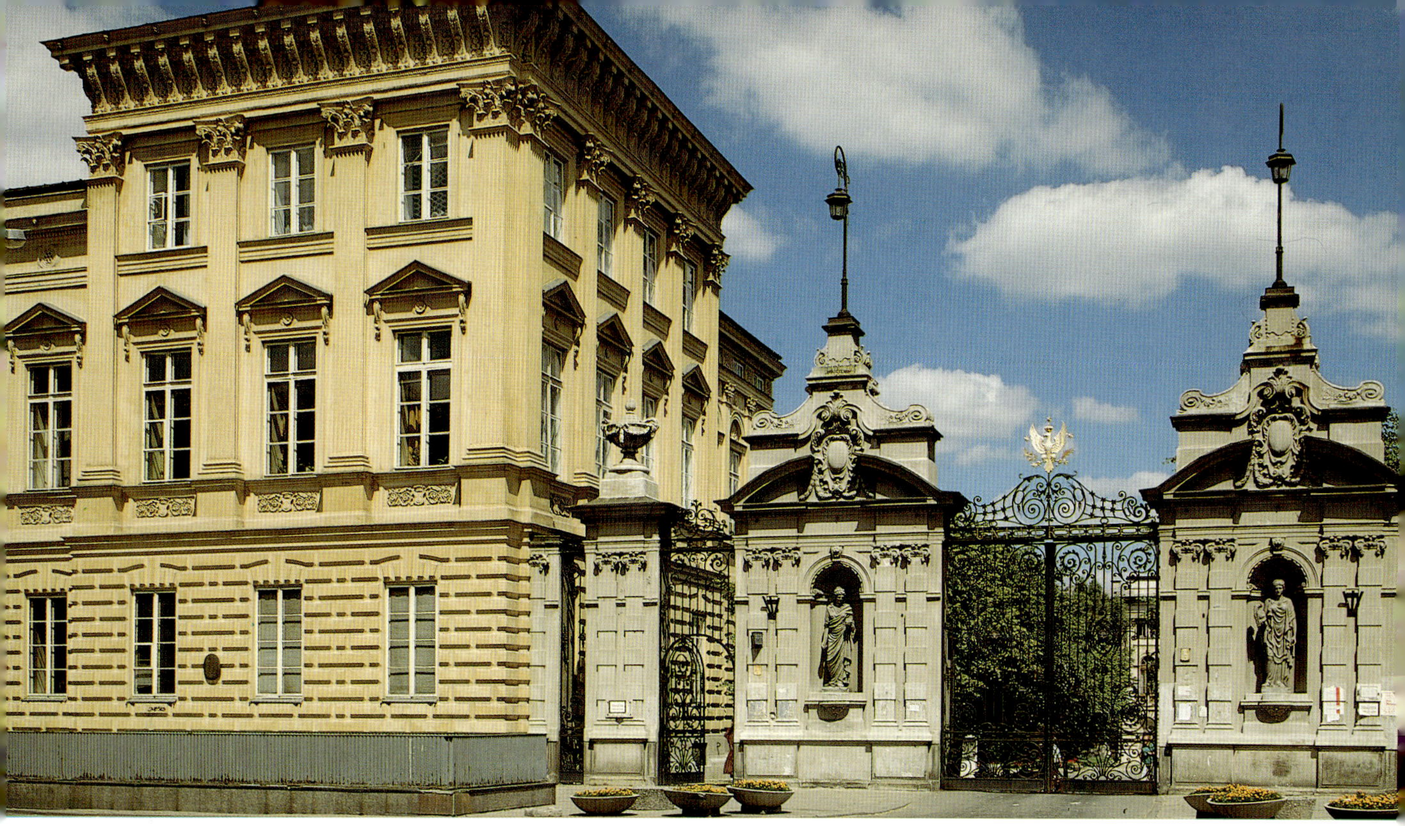

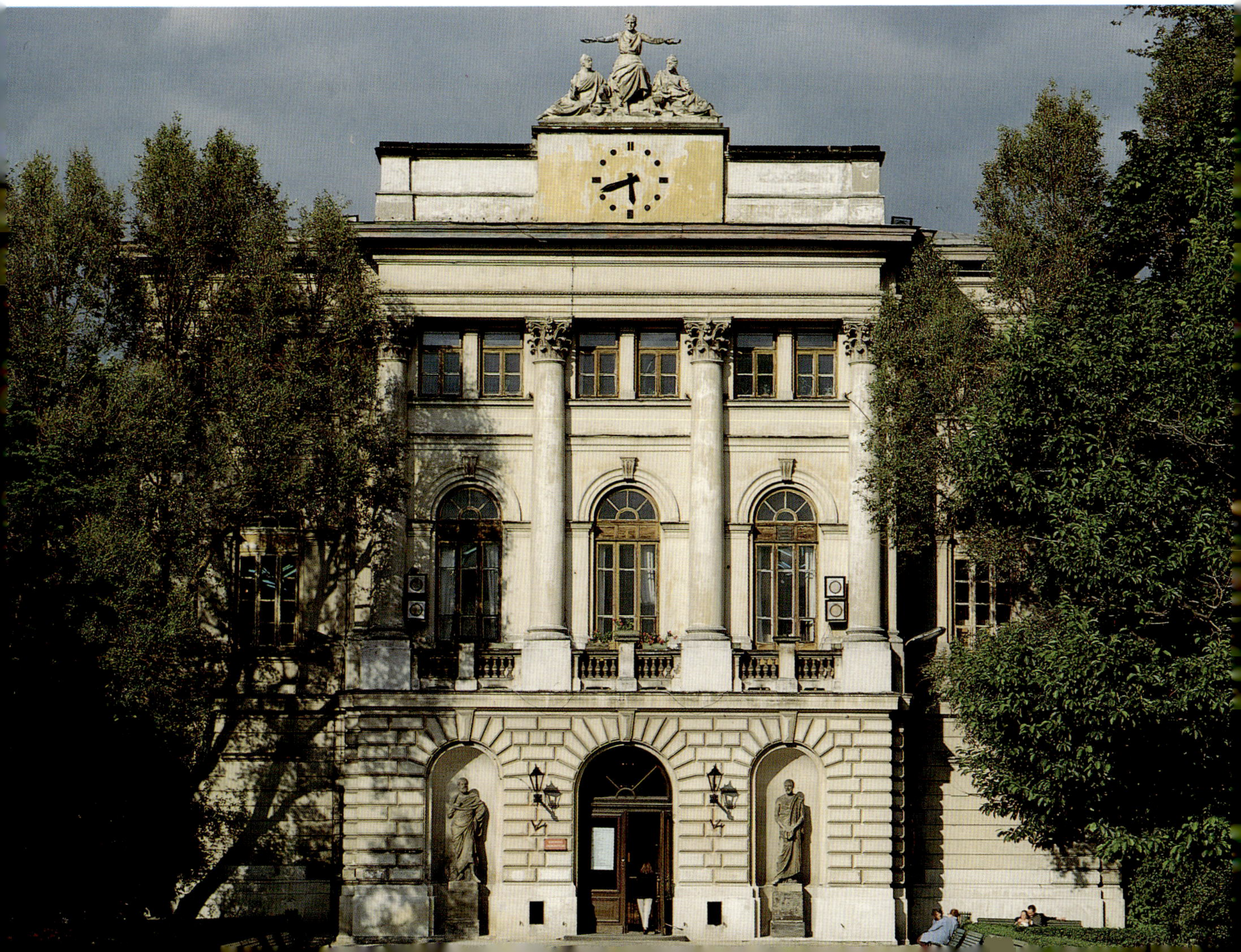

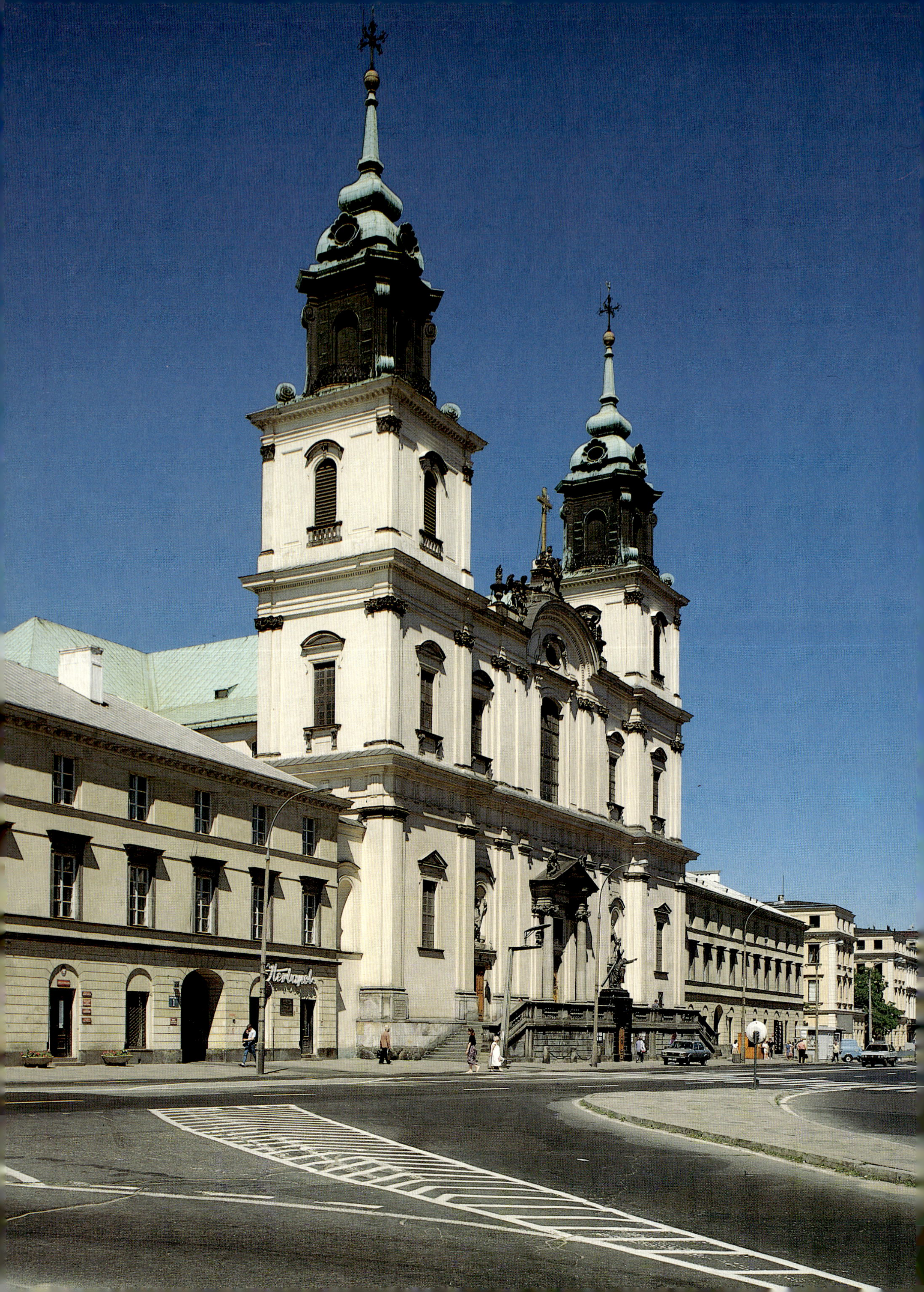
Herbapol

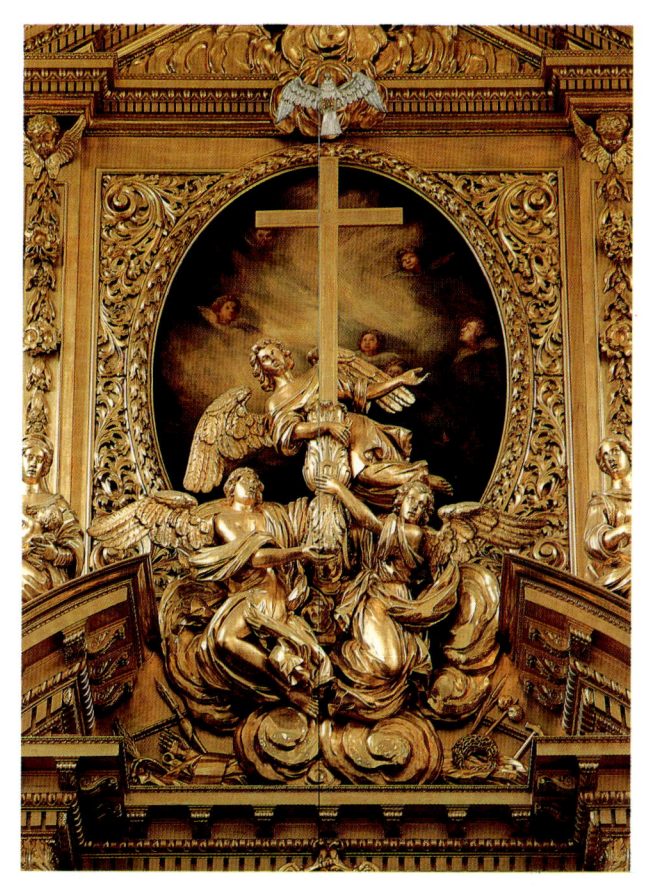

Heiligkreuzkirche, Detail des Hochaltars

◀ Heiligkreuzkirche

Heilig Kreuzkirche, Inneres

HEILIGKREUZKIRCHE

Die Kirche ist der Auffindung des hl. Kreuzes gewidmet. In ihrer gegenwärtigen Form wurde sie von 1679 bis 1696 für die Missionare errichtet, die Königin Luise Maria 1651 nach Polen holte. Der Entwurf für das Gebäude stammt von dem italienischen Architekt Giuseppe Simone Belotti, der in Warschau tätig war. Die mächtige Fassade mit zwei Glockentürmen errichtete man in den Jahren 1725-1737 nach Plänen von Giuseppe Fontana, den mittleren Teil vollendete um 1850 Jacopo Fontana. Die relativ schlichte Fassade wird von Pilastern belebt, einen stärkeren Akzent setzt der Portikus am Hauptportal mit zwei ionischen Säulen, die einen stark vorkragenden Tympanon tragen. In ihm erscheinen die allegorischen Figuren des *Glaubens* und der *Hoffnung*. Über den beiden Seiteneingängen stehen in Nischen der *hl. Petrus* und der *hl. Paulus*. Die Fassade wird oben von einer Arkade abgeschlossen, die von einem Kreuz bekrönt ist. 1858 setzte man auf die Balustrade der Eingangstreppe die wunderschöne Skulptur des *Kreuztragenden Christus*, nach einem Entwurf von Andrzej Pruszyński.
Die Kirche hat einen kreuzförmigen Grundriß, mit einem schmalen hohen Altarraum. Auf beiden Seiten des Kirchenschiffs liegen weiträumige, von Arkaden verbundene Kapellen.

Von den ehemals sieben Altären haben sich nur drei in ihrer ursprünglichen Form erhalten und zwar die auf der Südseite, die anderen sind Rekonstruktionen. Der Hauptaltar zeigt einen Barockstil mit klassischen Stilelementen, darin ähnelt er den anderen Altären. Das zentrale Gemälde ist eine Kreuzigung. Als besonders kostbar vom künstlerischen und historischen Standpunkt gilt der Altar im südlichen Querschiff, der früher der hl. Genoveva und der Felicissima gewidmet war. Ihn plante Tylman van Gameren, zwischen seinen Säulen stehen die Skulpturen der hll. Barbara, Katherina, Dorothea und Agnes. Die Bekrönung bildet ein von zwei Engeln angebetetes Kreuz. In der ersten Kapelle der Südseite beachte man den Altar des hl. Erzengels Michael aus dem frühen 18. Jh. An ihm ist ein originales Barockgemälde zu sehen, das den Erzengel darstellt. Im südlichen Querschiff befindet sich auch der spätbarocke Grabstein des Kardinals Michał Stefan Radziejowski aus schwarzem Marmor (1719-1722), den wahrscheinlich der Krakauer Architekt Kacper Bażanko entwarf.
Eine Besonderheit dieser Kirche sind die Epitaphe und Gedenktafeln, die an berühmte Polen erinnern, an Künstler und Wissenschaftler. Diese Tradition begann mit der 1880 enthüllten Statue von Frédéric Chopin, die über dem Schrein seines Herzens errichtet wurde, das man einst nach dem letzten Willen des Komponisten nach Polen gebracht hatte.

Staszic-Palais

STASZIC-PALAIS

Am Ende der Krakowskie Przedmieście steht das monumentale klassizistische Palais, das 1820 bis 1823 als Sitz für die Freunde der Wissenschaftsgesellschaft erbaut wurde. Die Hauptanstrengungen dafür unternahm der Mitbegründer und seit 1808 auch Präsident der Gesellschaft Stanisław Staszic, der außerdem ein Aktivist und politischer Schriftsteller der Aufklärung war. Antonio Corazzi, ein florentinischer Architekt, entwarf das Gebäude. Die Fassade wird von flachen Risaliten flankiert und von korinthischen Pilastern gegliedert. Der zentrale Portikus besteht aus korinthischen Säulen und wird von einem Belvedere mit halbkreisförmigen Fenstern und einer kleinen Kuppel bekrönt. 1892-1893 verwandelte der russische Architekt M. Prokowski das Palais in ein Gebäude russisch-byzantinischen Stils für ein russisches Gymnasium und eine russisch-orthodoxe Kirche. 1924-1926 brachte ein erster Restaurierungsversuch von Marian Lalewicz teilweise wieder die ursprüngliche Architektur ans Licht. Zwischen den Kriegen hatte hier die Wissenschaftsgesellschaft ihr Domizil. Nach den Zerstörungen des Krieges konnte zwischen 1947 und 1959 die authentische Form rekonstruiert werden, auch nahm man eine Erweiterung bis zur Świętokrzyska-Straße vor. Heute sind hier Institute und Abteilungen der Polnischen Akademie der Wissenschaften untergebracht.

KOPERNIKUS-DENKMAL

Stanisław Staszic hatte als erster die Idee, dem berühmten polnischen Astronom ein Denkmal zu errichten. Unter den historischen Umständen der damaligen Zeit, den polnischen Teilungen, sollte ein Monument dieser Art die Verbindung der polnischen Nation mit der Tradition ausdrücken und für eine respektvolle Haltung vor Lehre und Wissenschaft werben; und es sollte nicht nur Nationalgefühl zeigen, sondern auch den Geist der Nation. Ursprünglich wollte man das Denkmal in Kopernikus' Heimatstadt Thorn aufstellen. Das Projekt des Architekten Peter Aigner sah einen etwa 16 m hohen Obelisken aus Granit vor. An den Seiten sollten die Symbole des Tierkreises erscheinen und an der Basis die Planeten des Sonnensystems. Veränderungen der politischen Situation Polens - damals entstand das sog. Kongreß-Polen, zu dem Thorn nicht mehr gehörte - führten dazu, daß die Errichtung eines Monumentes in Thorn nicht mehr möglich war. Man entschied sich daher für Warschau als Standort. Zuerst war der Platz vor dem Casimir-Palast im Gespräch (dort steht heute die Universitätsbibliothek), doch endlich fiel die Wahl auf den Freiraum vor dem Palais der Wissenschaftsfreunde, um dessen Bau sich gerade Stanisław Staszic bemühte. Man veränderte auch das Konzept des Monumentes, nicht länger ein Obelisk, sondern die Figur des Kopernikus mit astronomischen Instrumenten sollte es sein. 1820 bat man den dänischen Bildhauer Bertel Thorwaldsen um die Ausführung. Thorwaldsen, für den das Schönheitsideal der Kunst bereits in der Antike erfüllt war, versuchte in dieser Arbeit seine persönlichen Neigungen mit den ziemlich ausdrücklichen Wünschen der Auftraggeber in Einklang zu bringen. Er stellte den großen Wissenschaftler als Sitzfigur mit einer Toga bekleidet dar, mit einem Kompaß in der rechten Hand und einem Astrolabius in der linken. In würdiger, ernsthafter Haltung und mit Gesichtszügen, die den bekannten Bildnissen ähneln, richtet er seine Augen zum Sternenhimmel, dem Gegenstand seiner Forschung. Der Sockel, der nach einem Entwurf von Adam Idżkowski und Antonio Corazzi entstand, trägt an zwei Seiten eine lateinische Inschrift: *NICOLAO COPERNICO GRATA PATRIA*. Außerdem gibt es eine polnische Inschrift, die auf deutsch folgendermaßen lautet: *FÜR NIKOLAUS KOPERNIKUS VON SEINEN LANDSLEUTEN*. Während der deutschen Besatzung ließ man das Monument unbehelligt, doch die polnische Inschrift wurde durch eine deutsche Schrifttafel verdeckt. Im Rahmen der sog. kleinen Sabotage entfernten Pfadfinder von der Szare Szeregi (Graue Gruppe) die Tafel und verbargen sie im Zeichen polnischen Protestes. Dies geschah praktisch unter den Augen der Deutschen, gleich beim Polizeihauptquartier. Während des Warschauer Aufstandes (1944) wurde das Denkmal erst beschädigt und dann niedergerissen. Schon im Juli 1945 stand es wieder auf seinem Sockel und 1949 restaurierte man das gesamte Monument.

ALEXANDERKIRCHE

Der Standort der Kirche befindet sich dort, wo einst der Triumphbogen zur Erinnerung des Einzugs von Zar Alexander I. in Warschau (1915) stehen sollte, denn er war vom Wiener Kongreß an die Spitze des neugeschaffenen Königreichs Polen gesetzt worden. Der Bau der Alexanderkirche dauerte von 1818 bis 1825, nach einem Entwurf von Peter Christian Aigner. Das Vorbild war das Pantheon in Rom; von Norden sieht sie aus wie ein reiner Rundbau, im Süden ist ein Portikus mit sechs korinthischen Säulen vorgelagert. Der ziemlich hohe Tambour mit Blendarkaden wird von einer flachen Kuppel überwölbt. Die Architektur zeichnet sich durch extreme Schlichtheit und sparsame Dekorationen aus. Auch das Innere wirkt wie ein kleines Pantheon, an den Wänden gibt es acht Nischen, von denen sich vier gegenüberliegen und von zwei Säulen getrennt werden, die das Gurtgesims tragen. Büsten hervorragender Perönlichkeiten mit Verdiensten gegenüber dem Vaterland sollten in den Nischen aufgestellt werden. Bald erwies sich die Kirche als zu klein für die ziemlich große Gemeinde, so daß sie von 1886 bis 1894 in Neurenaissance-Formen umgebaut und stark erweitert wurde. Józef Pius Dziekoński zeichnete für den Neubau verantwortlich. Doch auch diese Kirche blieb nicht lange bestehen und wurde im Warschauer Aufstand von 1944 fast vollständig zerstört. Nach dem Krieg baute man sie nach den ursprünglichen Plänen von Aigner wieder auf.

Denkmal des Nikolaus Kopernikus

Alexanderkirche

Atlantenfiguren am Gebäude der Ärztevereinigung

Der Ostrogski-Palast in der Tamka-Straße

GNIŃSKI-PALAST

Der Palast wurde 1681-1685 nach Plänen von Tylman van Gameren für den Vizekanzler der Krone Jan Gniński anstelle des Ostrogski-Schlosses (16. Jh.) gebaut. Leider realisierte man von der großen Palast- und Gartenanlage nur diesen (auch Ostrogski-Palast genannten) Gebäudeteil. Das rechteckige, zweistöckige Gebäude hat einen Mittelrisalit, der mit Pilastern und einem Tympanon geschmückt ist. Davor liegt eine Terrasse, die von einer Verteidigungsplattform getragen wird. Seit 1859 befindet sich hier das Warschauer Musikkonservatorium, wo u. a. Ignacy Paderewski und Karol Symanowski ausgebildet wurden. Heute hat hier die Frédéric Chopin-Gesellschaft ihren Sitz. Mit dem Palast ist die Legende der goldenen Ente verbunden. In den unterirdischen Gewölben des Ostrogski-Schlosses befand sich einst ein See, auf dem eine in eine goldene Ente verwandelte Prinzessin schwamm. Die Prinzessin konnte nur in ihre menschliche Gestalt zurückkehren, wenn jemand den Zauberbann brach. Er mußte 100 Dukaten nehmen, die an einem bestimmten Ort lagen und diese in drei Tagen nur für sich selbst ausgeben. Ein Soldat wollte dies tun, aber am dritten Tag schenkte er mitleidig den letzten Groschen einem Bettler. Der See und die Ente verschwanden für immer.

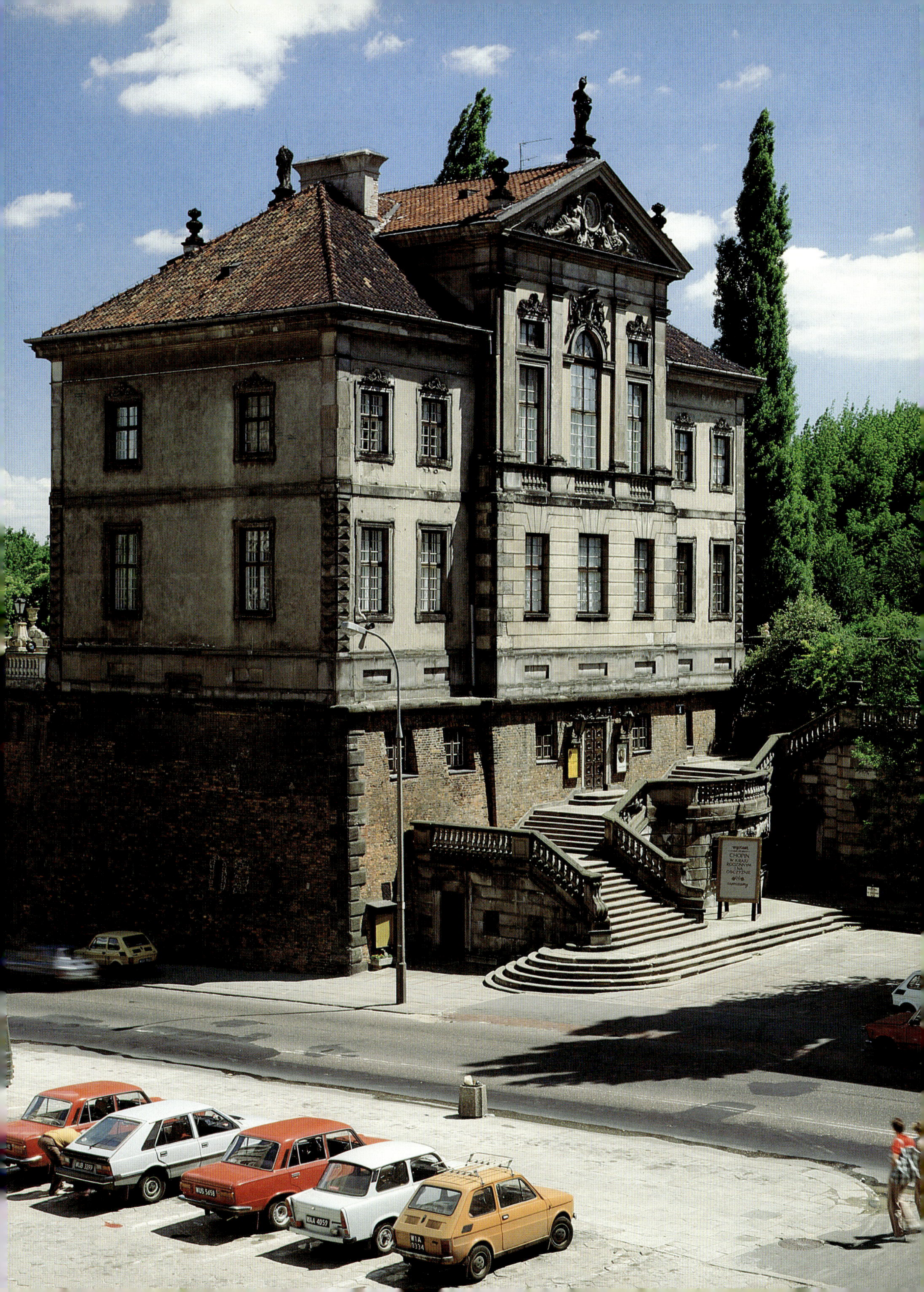

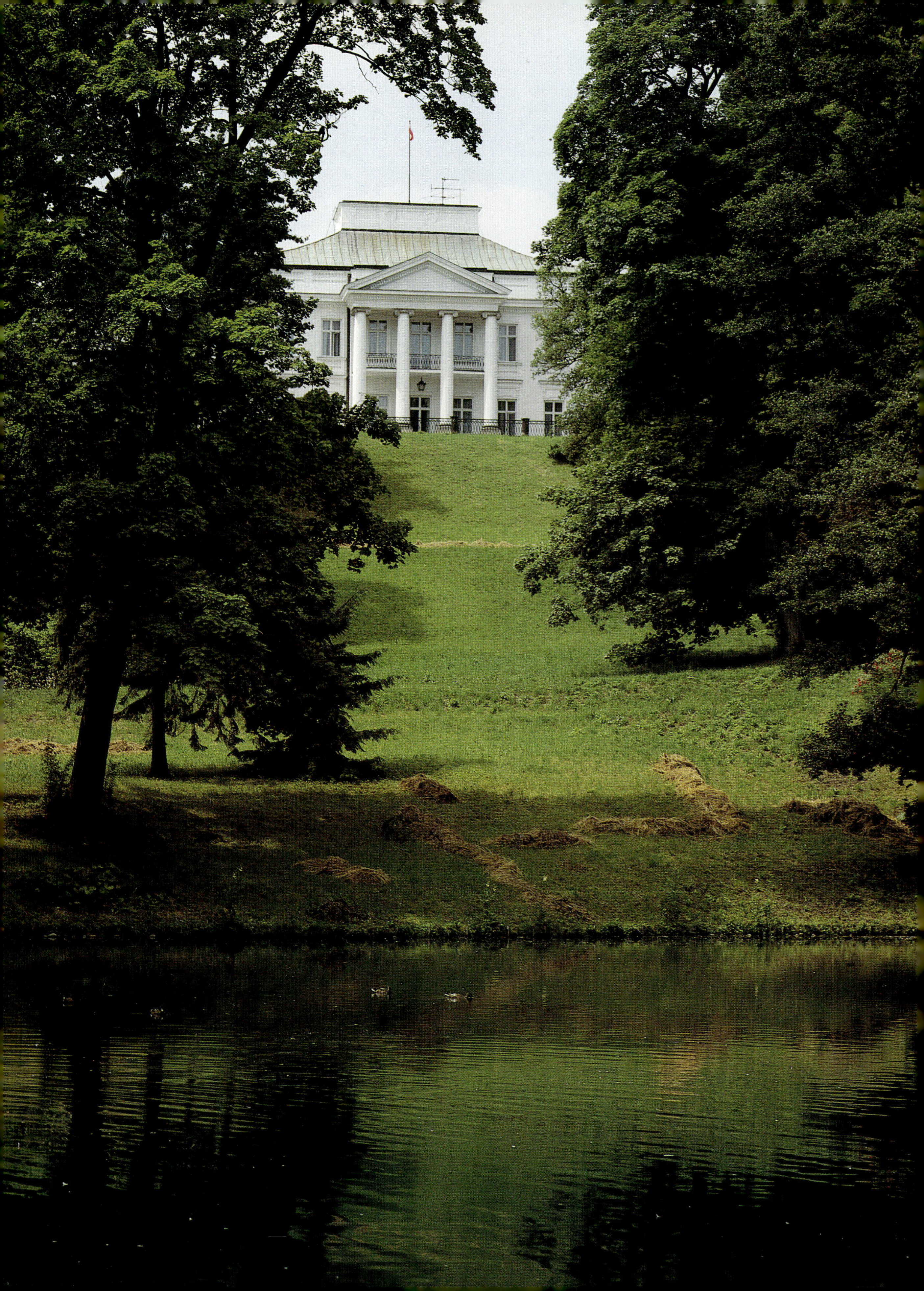

Łazienki, Belvedere, Fassade auf der Gartenseite

Łazienki, Palais am Wasser, Südfassade

Nächste Seiten:

Łazienki, Palais am Wasser, Nordfassade

ŁAZIENKI

Der Warschauer Łazienki-Park erstreckt sich dort, wo früher das Jagdgebiet des Tierparks lag, der bereits von den Herzögen Masowiens bejagt wurde, die nahebei die Festung Jazdów (Ujazdów) besaßen. Der Tierpark blieb bestehen, auch nachdem die Herzöge ihre Residenz nach Warschau verlegt hatten. Als das Haus Masowien die Königswürde erlangt hatte, wurde Jazdów vorübergehend die Residenz der polnischen Könige. 1548 ging es in den Besitz von Königin Bona, der Frau von Sigismund III. Wasa über und von ihr auf die Tochter Anna Jagellonka. Zu Beginn des 17. Jh. baute hier König Sigismund III. Wasa eine neue, gemauerte Burg, genannt **Ujazdowski-Burg**. 1674 erwarb der Marschall Stanisław Herakliusz Lubomirski Ujazdów von den damaligen Besitzern. Er vergab den Auftrag für den Bau von zwei Pavillons auf dem Gelände des Tierparks, nach Plänen von Tylman van Gameren. Der eine nannte sich **Ermitage**, ein Ort für einsame Meditation, und der andere war das **Bad**. Dieser zweite Pavillon, der auf einer von einem Kanal umflossenen Insel lag, gab später der ganzen Anlage den Namen. Łazienki erreichte seine Glanzzeit erst unter Stanislaus August Poniatowski. Im Jahr 1764, noch bevor er gewählt wurde, kaufte er die Ujazdowski-Burg mit dem Land ringsum, weil er sich hier eine Sommerresidenz errichten wollte. Viele Jahre lang arbeiteten an diesem Projekt die königlichen Architekten, Maler und Bildhauer. Domenico Merlini war der Hauptgestalter, Jan Chrystian Kamsetzer arbeitete mit ihm bei der Innendekoration zusammen, während Marcello Bacciarelli und Jan Bogumil Plersch die dekorative Malerei ausführten. Die Skulpturen für die Innenräume und den Park schufen André Le Brun, Jacopo Monaldi, Franciszek Pinck und Tommaso Righi. Die künstlerischen Leistungen, an denen sich auch der König aktiv beteiligte, brachten eine ausgedehnte Palast- und Parkanlage hervor, die Verkörperung eines neuen Konzeptes von Vorstadtresidenz, mit kleinen Architekturen in der Form von unabhängigen Pavillons, die verschiedenen Funktionen dienten und in einem großen Parkgebiet angesiedelt waren.

Das **Palais am Wasser** ging aus dem früheren Lubomirski-Bad hervor und bildete das Kernstück des Łazienki-Projektes. Er war von zwei länglichen Teichen umgeben,

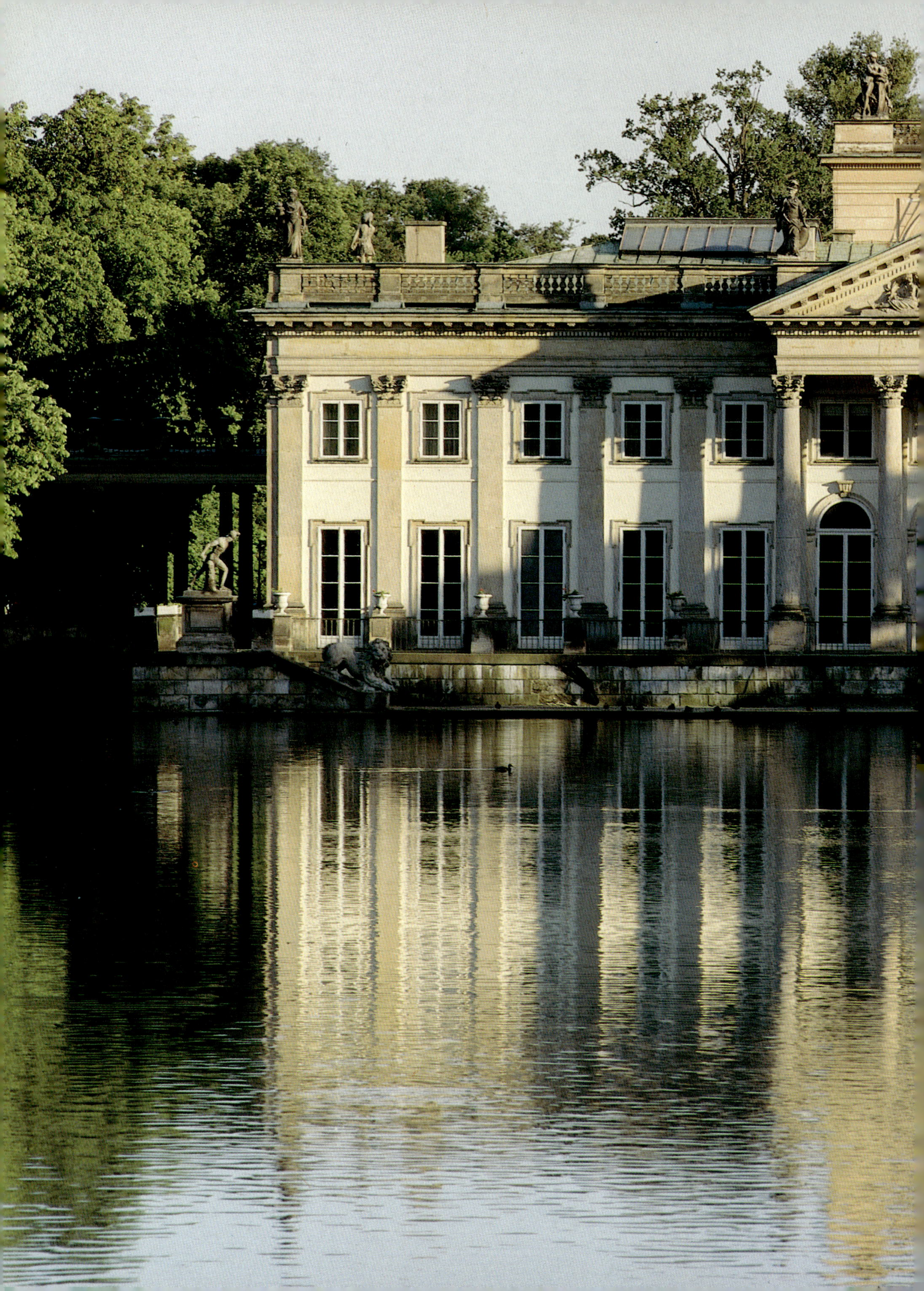

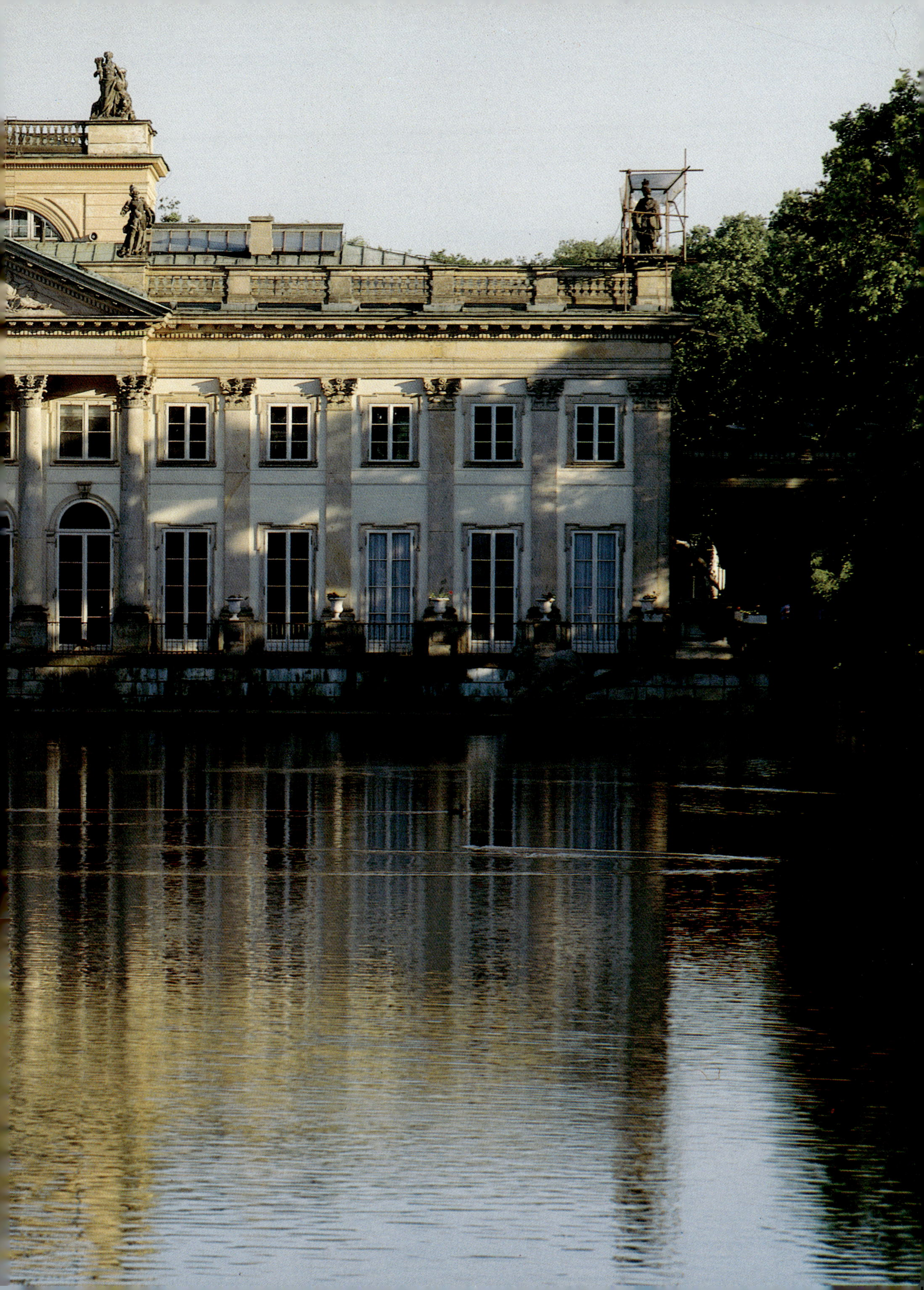

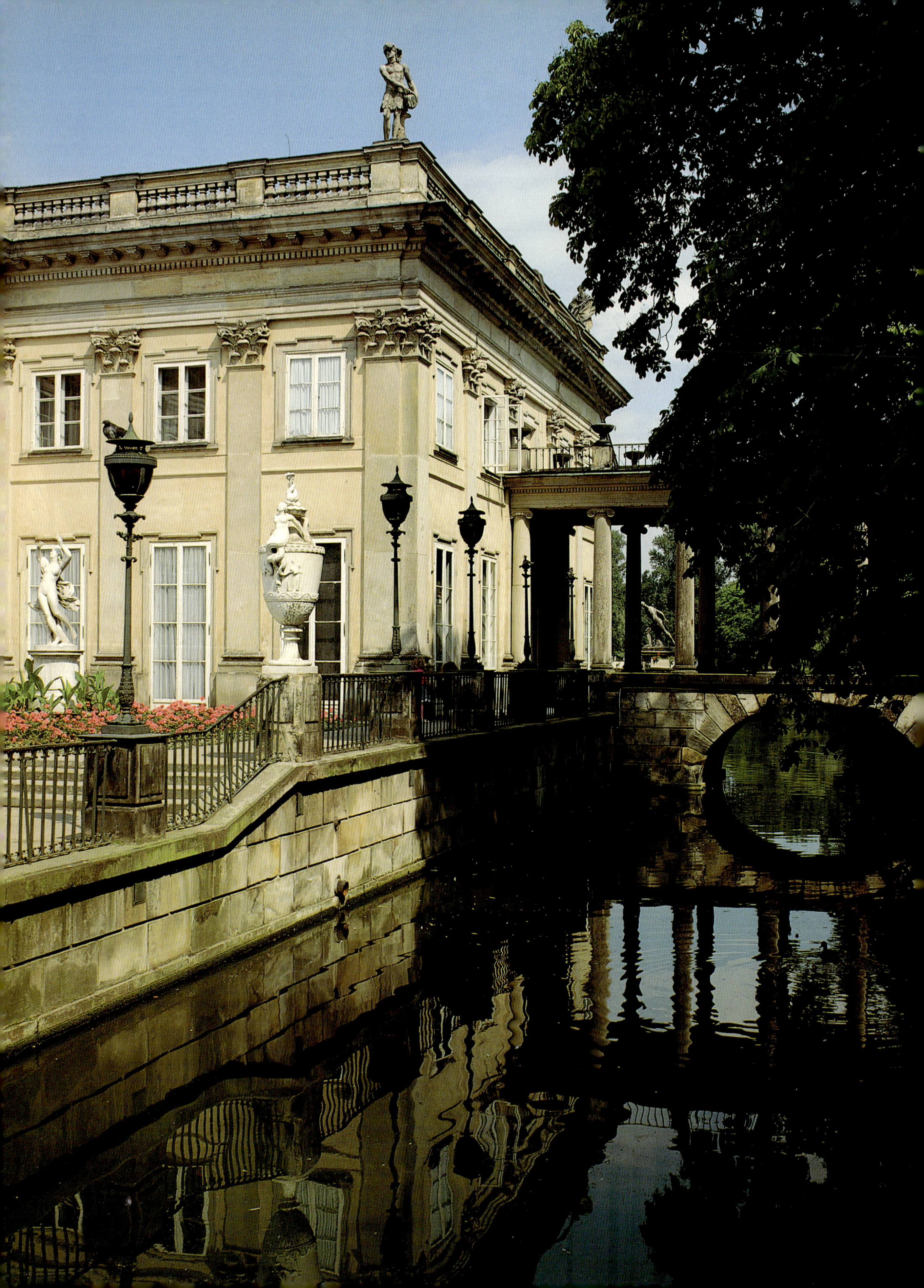

Łazienki, Palais am Wasser, Detail der Galerie

Łazienki, Palais am Wasser, *Gladiatorfigur* an der Nordterrasse

Łazienki, Palais am Wasser, eine Figur in der Nähe des Palastes

den nördlichen schließt eine Brücke mit dem **Monument des Jan Sobieski** ab, den südlichen das **Amphitheater**. Wenn man quer zur Achse des Palastes nach Westen eine Linie ziehen würde, so träfe sie auf das **Weiße Haus** und nach Osten auf den **Myślewicki-Palast**. Doch ging es nicht um eine streng geometrische Planung, der von Jan Chrystian Schuch gestaltete Park ist eher ein englischer Garten, mit scheinbar zufällig verlaufenden Wegen, die von einem Gebäude zum nächsten führen.

PALAIS AM WASSER

1772 begann der König damit, das barocke Bad zu renovieren, zunächst ohne Veränderungen einzuführen. Dann ging der Ausbau in mehreren Stadien voran, bis zum Ende der Regierung von Stanislaus August (1795). 1776 entstand die dekorative Treppe, die auf der Nordseite zum Teich führte, ihre Balustrade schmückte man mit Statuen antiker Götter und Sartyrn. Im Jahr darauf erhielt das Gebäude ein weiteres Stockwerk. 1784 begann man

67

Łazienki, Palais am Wasser, Ballsaal
                      Łazienki, Palais am Wasser, Rundsaal

mit der neuen Südfassade und dem aus der Fassade ausgesparten Portikus mit vier korinthischen Säulen. Seitlich davon befinden sich im Erdgeschoß bogenförmige Fenstertüren, darüber öffnen sich im ersten Stockwerk rechteckige Fenster auf Balkone mit eisernen Geländern. Rechts und links schließen Pilaster die Fassade ab. Die Muschel ist ein häufig wiederkehrendes Dekorationselement, vielleicht eine Anspielung auf das frühere Bad. Die Fassade wird von einer Balustrade bekrönt, an der die allegorischen Skulpturen der Vier Jahreszeiten von Le Brun angebracht sind. Schon 1788 erhielt auch die Nordseite eine neue Fassade. Sie ist von korinthischen Pilastern gegliedert und hat in der Mitte einen vorspringenden Portikus mit vier korinthischen Säulen, die einen Fronton tragen, an dem die königliche Kartusche zwischen weiblichen Figuren erscheint, die *Ruhm* und *Frieden* personifizieren. Auch hier entstand eine bekrönende Balustrade, mit den Skulpturen der vier Kontinente *Europa*, *Asien*, *Amerika* und *Afrika*. Vor der gesamten Fassade verläuft auf einem aufgemauerten Sockel eine Terrasse, rechts und links führen Treppen zur unteren Terrasse, die nur eine Stufe hoch über dem Wasser liegt. Die Seitentreppen schmücken Löwenfiguren, die aus ihren Mäulern Wasser speien, auf der Terrasse darüber stehen die Skulpturen zweier kämpfender Gladiatoren. Auf dem Dach des Palastes befindet sich ein Belvedere mit halbrunden Fenstern ringsum, darunter wölbt sich im Inneren eine Kuppel über dem zentralen Raum, der sog. Grotte des früheren Bades. Der Belvedere trägt eine Attika mit Balustrade und die Allegorien der vier Elemente *Wasser*, *Feuer*, *Luft* und *Erde*. Auch im Inneren kam es zu Veränderungen. Nach vier Jahren begannen die Arbeiten erneut, weil es notwendig geworden war, das Palais zu vergrößern. Da es jedoch auf der Insel keinen Platz mehr gab, baute man jenseits des Wassers je einen Pavillon auf der Ost- und Westseite. Man verband sie dann mit dem Palais mittels Bogenbrücken, die Säulengänge tragen. Diese Galerien wurden schließlich verglast und innen kamen die Büsten römischer Kaiser zu stehen, die Righi gestaltete (heute befinden sie sich auf der Terrasse, die sich vor der Orangerie erstreckt).

Der repräsentativste Raum ist der **Ballsaal**, der während des Umbaus von 1788 nach Plänen von Jan Chrystian Kamsetzer zustande kam. Seine Dekoration harmonisiert in vollendeter Weise mit der Architektur. An den schmäleren Wänden liegen sich zwei Kamine gegenüber, die von Pilastern mit Tympanon eingefaßt werden. An der Südwand steht in der Nische über dem Kamin eine Kopie des *Herkules* (18. Jh.), das Kamingesims stützen ein *Kentaur* und ein *Zerberus*. Die gesamte Komposition symbolisiert die Herrschaft des Menschen über die Kräfte der Finsternis. Die Kopie des *Apoll vom Belvedere* steht gegenüber, dort stützen das Kamingesims Skulpturen des *König Midas* und des *Satyrs Marsyas*. Diese Gruppe symbolisiert die Überlegenheit des Geistes über Dummheit und Stolz. Über den Frontonen der beiden Kamine

...DITI IN EXEM...

STEPHANUS BATOREUS

IOHANNES III SOBIESKI

Łazinki, Palais am Wasser,
Wandgemälde von J.B. Plersch im Ballsaal:
Atropos durchschneidet den Lebensfaden

Łazienki, Palais am Wasser,
Stuckdekoration im Badezimmer

Łazienki, Palais am Wasser, Salomonraum

Łazienki, Palais am Wasser,
Kamin mit *Herkulesstatue* im Ballsaal

erscheinen Adler, die sich zum Flug erheben. Auf der Querachse hierzu befindet sich eine Galerie für das Orchester und der Zugang zur Galerie. An der Wand über der Galerie sieht man dekorative Basreliefs mit *Herkules und Deianira* und *Apoll und Daphne*. Zwischen ihnen befindet sich eine Uhr mit dem Kopf des Kronos und auf der entgegengesetzten Seite das Wappen Polens. Symmetrisch angeordnete dekorative Felder mit Grotesken von Jan Bogumil Plersch symbolisieren in der Mitte die Vier Elemente, während die äußeren auf die Zeit und das Menschenalter anspielen.

Die Rotunde ist der zentrale Raum des Palais und eine Art Pantheon der Monarchen, die zum Wohle Polens regierten. Merlini war der wichtigste Gestalter des Inneren, das Konzept stammt wahrscheinlich von Stanislaus August. Die Wände überziehen graue und gelbe Stuckfelder, die von weißen Stucksäulen unterbrochen werden. In den Nischen zwischen den Säulen stehen vier polnische Köni-

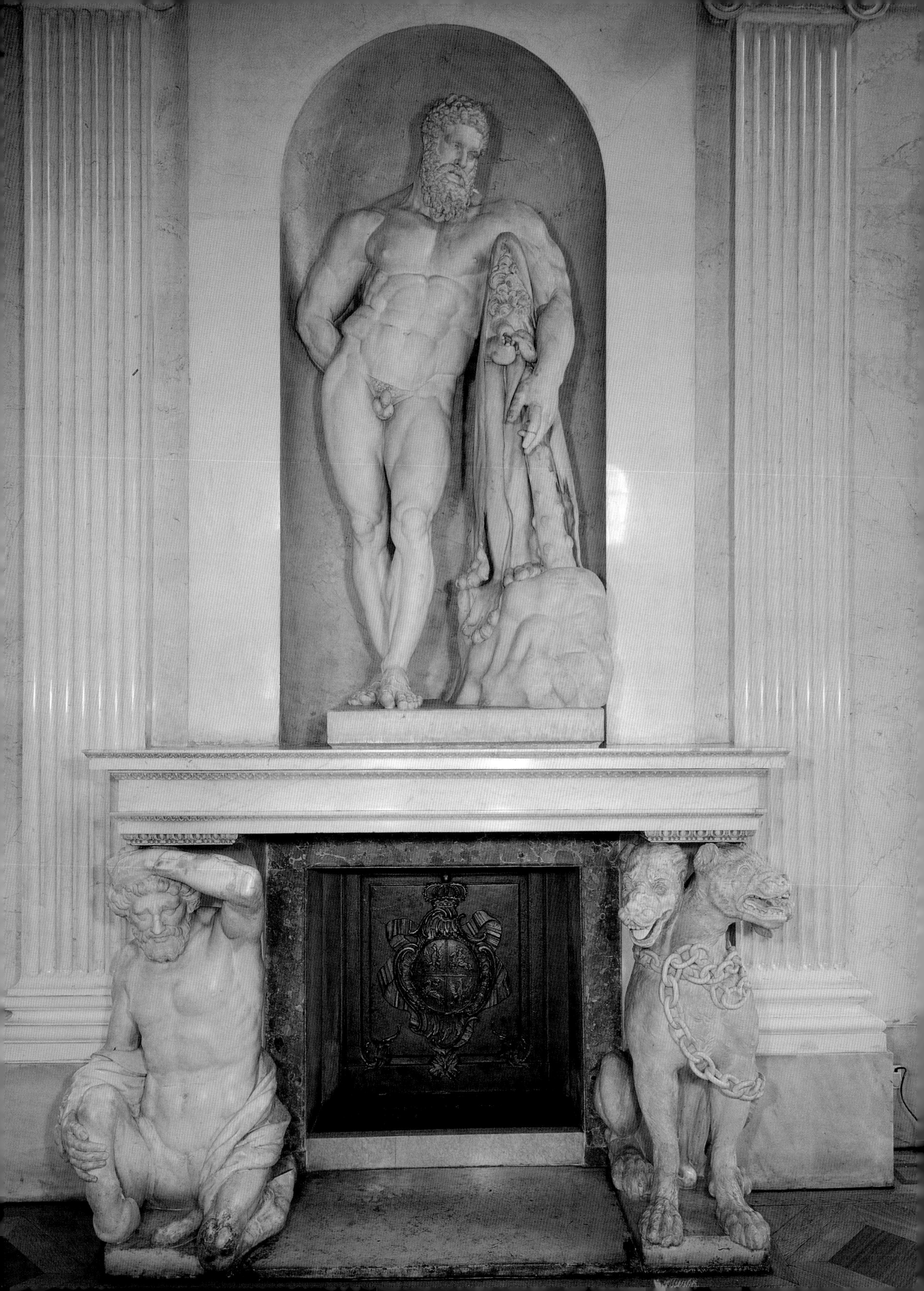

Łazienki, Weißes Haus · Łazienki, Eßzimmer im Weißen Haus

ge, für die Stanislaus August Verehrung hegte, *Kasimir d. Gr.*, *Sigismund d. Ä.*, *Stephan Báthory* und *Johann III. Sobieski*. Über den Türen, die zu den benachbarten Räumen führen, sind die Büsten von drei römischen Kaisern angebracht, *Trajan*, *Titus* und *Mark Aurel*. Auf sie bezieht sich die Inschrift auf dem Fries rings um den Raum: " (Hier) gesetzt als Beispiel für das Wohl der Welt". Die Figuren und Büsten führten Jacopo Monaldi, André Le Brun und Franciszek Pinck aus. Die Kuppel ist mit vier Rundbildern von Marcello Bacciarelli geschmückt, die Tugenden darstellen: Der *Mut* als Mars mit den Gesichtszügen von Stanislaus August, die *Gerechtigkeit* als Themis, die *Weisheit* als Minerva und die *Güte* als Clementia. Die Gestaltung des Raumes vervollständigt die Einlegearbeit des Fußbodens in vielfarbigem Marmor, die eine Sternform bildet. In der Mitte befand sich das gemalte, später zerstörte Medusenhaupt.

Die Rotunde wurde erst fertig, als der König schon nicht mehr in Warschau lebte, so daß er die endgültige Ausgestaltung nie gesehen hat. Dieser Innenraum, als einziger im ganzen Palast, wurde 1944 nicht vom Feuer vernichtet, aber doch schwer beschädigt. Einige der ursprünglichen Möbelstücke gingen verloren.

Der **Salomon-Raum** war das Wohnzimmer des Palastes. Ihn verzieren Gemälde von Bacciarelli, die Episoden aus dem Leben des biblischen Königs schildern, der wegen seiner Weisheit und Gerechtigkeit berühmt war. Die Malereien haben folgende Titel: *Salomons Opfer* und *Einweihung des Tempels von Jerusalem*; an der Decke *Salomons Traum über die Größe* umgeben von Ruhm, Glück und Weisheit; die Zwickel zeigen die *Salomonische Entscheidung*, *Salomon und die Königin von Saba* und *Salomon mit König Hiram*. Die Darstellungen dienten natürlich auch als Verherrlichung für Stanislaus August, mit dessen Gesichtszügen Salomon hier auftritt. An den Sopraporten malte Jan Bogumil Plersch einen Delphin (Symbol für Weisheit), einen Pfau (Allegorie der Unsterblichkeit), einen Salamander (Zeichen der Unzerstörbarkeit) und einen Löwen (Symbol für Stärke). Plersch war auch der Urheber von den Arabesken an den Türen. Die heutige Raumdekoration, mit Ausnahme der Marmorkamine mit Reliefs, die die *Pallas Athene* und den *Schlafenden Achilles* darstellen, ist eine Rekonstruktion.

DAS WEISSE HAUS

Westlich vom Palast steht das in den Jahren 1774-1777 nach einem Entwurf von Domenico Merlini gebaute Weiße Haus, das erste vollständig neu errichtete Gebäude des Parks. Es erhebt sich über einem quadratischen Grundriß und setzt sich aus zwei Stockwerken und einem Bel-

vedere zusammen. Rings um das Dach verläuft eine hölzerne Balustrade. Alle vier Fassaden haben die gleiche Gliederung, im Rustikamauerwerk öffnen sich im Erdgeschoß fünf Fenstertüren, darüber, im 1. Stock, Bogenfenster. Dieses kleine Gebäude hat sich glücklicherweise vollkommen erhalten. An der Südseite ist ein Satyr mit einer Sonnenuhr anstelle des Gesichtes angebracht.
Eine beträchtliche Anzahl von Zimmern im Weißen Haus enthält noch das originale Mobiliar. Einer der schönsten Innenräume ist das Eßzimmer, das links vom Eingangsflur liegt. Die Wände dekorierte Jan Bogumil Plersch mit Grotesken auf goldfarbenem Hintergrund. Diese Art von Wandschmuck inspiriert sich an den Grotesken in der vatikanischen Loggia Raffaels, die ihrerseits auf die römische Antike zurückgehen. Zur Zeit des Klassizismus, während des 18. Jh., erlebten die Grotesken eine neuerliche Renaissance, die des Eßzimmers gehören zu den frühesten auf polnischem Boden. In die Grotesken sind über den Spiegeln Lünetten mit Landschaftsdarstellungen eingefügt. Außerdem gibt es kleine rechteckige Felder mit den Tierkreiszeichen und Medaillons mit der Arbeit auf dem Lande. Die Darstellungen an den Längswänden symbolisieren die vier Elemente *Wasser*, *Feuer*, *Luft* und *Erde*, an den Schmalwänden sieht man Allegorien des *Tages* und der *Nacht*. Die vier Tiere in den Raumecken, Elefant, Kamel, Pferd und Strauß stehen für *Afrika*, *Asien*, *Europa* und *Amerika*. Die kleinen Gemälde bestechen wegen ihres Erfindungsreichtums und ihrer zarten Farben und harmonisieren ausgezeichnet mit dieser Innenarchitektur. Auch der Fußboden mit Intarsien aus verschiedenfarbigen Hölzern, die geometrische und florale Motive bilden, steigert den Gesamteindruck. In der Nische gegenüber dem mittleren Fenster steht die antike Skulptur der *Venus Anadyomene* (die dem Meer entsteigende Venus), welche 1777 für den König in Rom erworben wurde. Den Kopf ergänzte André Le Brun. Der Schreibtisch aus Rosenholz gehörte zur ursprünglichen Einrichtung. Er entstand im polnischen Inland, wahrscheinlich schufen ihn königliche Tischler in den achtziger Jahren des 18. Jh.

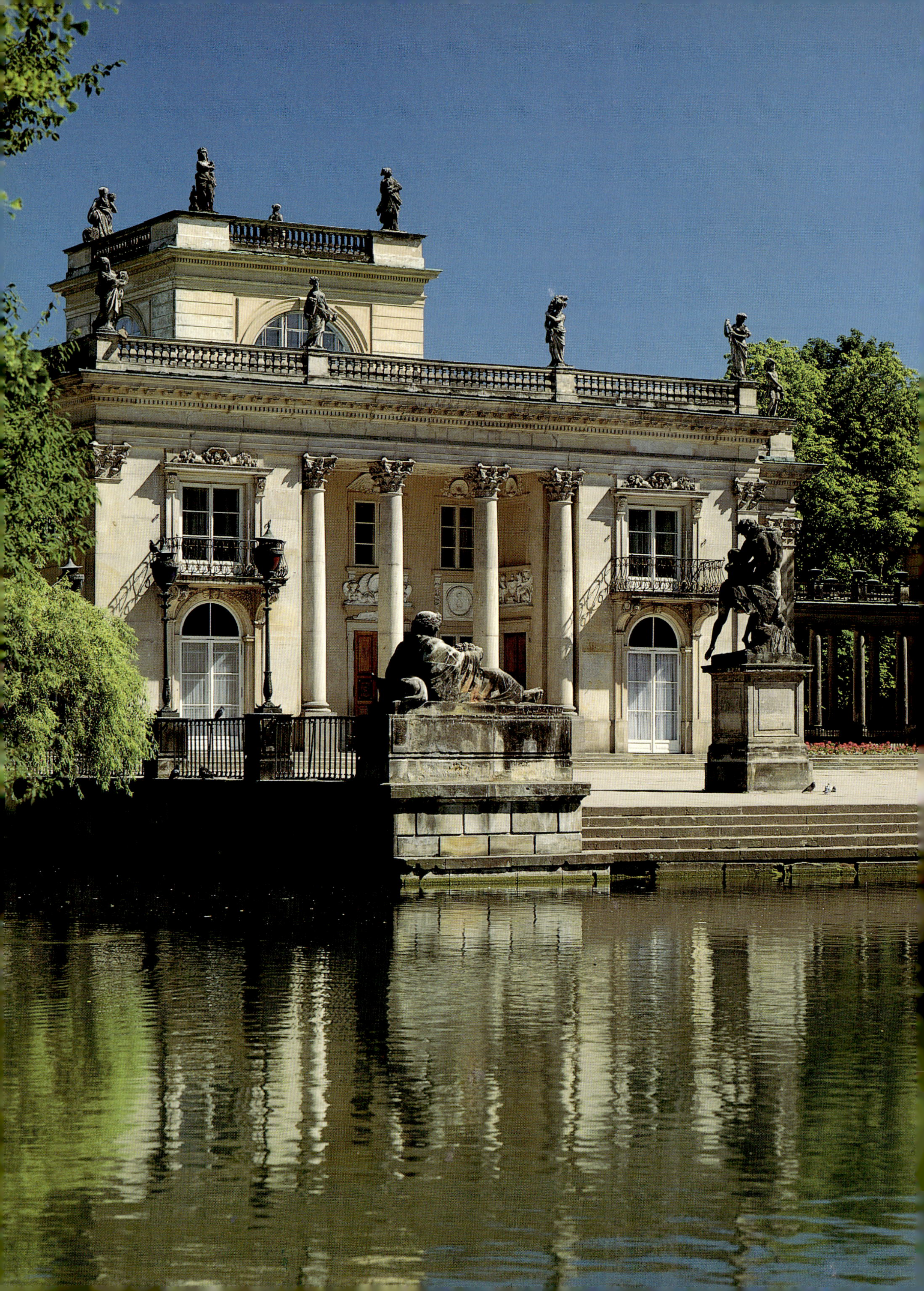

Łazienki, Palais am Wasser   Łazienki, Amphitheater

BELVEDERE

Südwestlich vom Palais am Wasser, bereits außerhalb des Łazienki-Parks, liegt die alte Sommerresidenz der Familie Pac, der Belvedere. Ein *Belvedere* oder eine Aussichtsterrasse ist ein Palais, eine Villa oder ein Gartenpavillon mit einer besonders schönen Aussicht. Der Warschauer Belvedere liegt malerisch auf einer hohen Böschung über der Weichsel und wurde 1659 für den Großkanzler von Litauen, Krzysztof Pac errichtet. 1767 kaufte ihn Stanislaus August Poniatowski von dem damaligen Besitzer und schlug ihn zum Łazienki-Areal dazu. Später siedelte er hier in einem der Gebäude die königliche Fayence-Manufaktur an. Nach des Königs Tod erbte ihn sein Neffe Prinz Józef Poniatowski. 1818 verkauften ihn wiederum die damaligen Besitzer an die Regierung von Kongreßpolen und der Belvedere wurde die Residenz des Zarenbruders Großherzog Konstantin. Man begann sofort mit den Erneuerungsarbeiten, der Palast verwandelte sich in ein klassizistisches Gebäude. Einer der Gestalter war ein hervorragender Schüler von Merlini, Jakub Kubicki.

Der bedeutendste geschichtliche Augenblick für den Belvedere ereignete sich in der Nacht des 29. November 1830, als Aufständische bis hierher vordrangen, um den verhaßten Herzog Konstantin zu ermorden, der sich jedoch retten konnte. Der Palast blieb bis heute unverändert. Seit 1918 war er die offizielle Staatsresidenz, heute residiert hier wieder der polnische Präsident

AMPHITHEATER

Dieses Sommertheater, das nach den Theatern der Antike gebaut wurde (wie z. B. das von Herkulaneum), hat ein halbkreisförmiges Auditorium und die Bühne liegt auf einer Insel. Von 1790 bis 1793 wurde es südlich vom Palais am Wasser erbaut, wahrscheinlich von Jan Chrystian Kamsetzer. Das Amphitheaters besteht aus zwei Teilen, im untersten Part stehen rechts und links Skulpturen des *Sterbenden Gladiators* und der *Sterbenden Kleopatra* (früher schmückten sie die Terrasse vor dem Palais). In der Mitte, zwischen eisernen Schranken, befindet sich die Loge des Königs. Dahinter steigen die Stufen zum Auditorium an. Die Attika des Amphitheaters schmücken sechzehn sitzende Figuren, die in den Zuschauerraum blicken. Sie stellen berühmte Dichter dar: *Äschylus*, *Euripides*, *Sophokles*, *Aristophanes*, *Menander*, *Plautus*, *Terenz* und *Seneca* für die Antike, *Shakespeare*, *Calderón*, *Racine*, *Molière*, *Metastasio* und *Lessing* für die Neuzeit sowie zwei zeitgenössische Dichter der damaligen Zeit, *Adam Naruszewicz* und *Stanisław Trembecki*, die an den Donnerstagessen teilnahmen, die der König organisierte. Die Skulpturen entwarf André Le Brun, Tommaso Righi führte sie aus. Die Bühne wird durch Wasser von dem Auditorium getrennt und besitzt als permanente Dekoration die Ruinen eines antiken Tempels. Als Vorbild diente der Tempel von Baalbek in Syrien. Vor der Bühne öffnet sich der Orchestergraben.

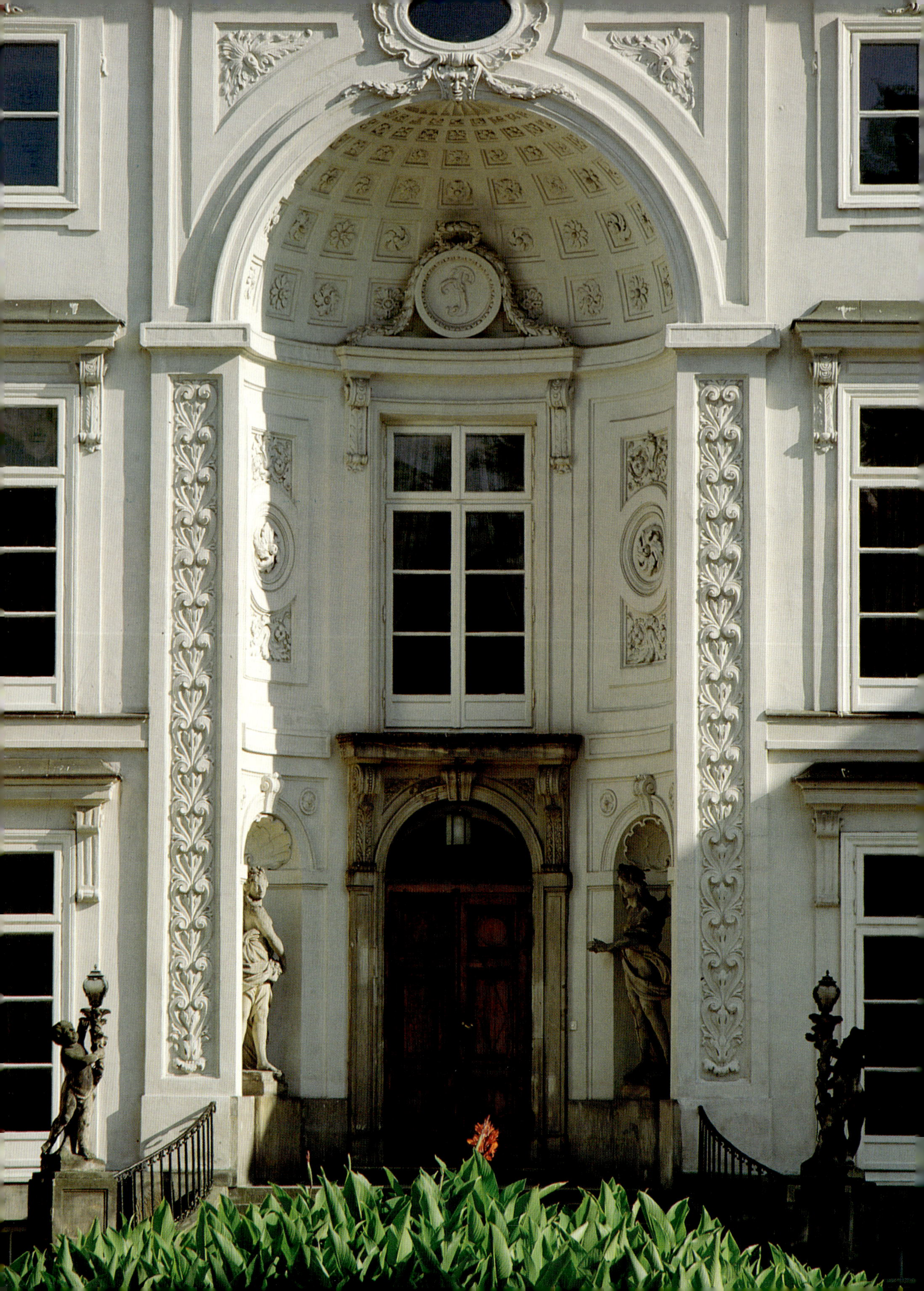

Łazienki, Myślewicki-Palais,
Eingangsnische

Łazienki, Myślewicki-Palais,
Fassade

MYŚLEWICKI-PALAIS

Das Palais liegt im östlichen Teil des Parks, an einer ziemlich einsamen Stelle. Es entstand in mehreren Bauabschnitten zwischen 1775 und 1784 nach einem Entwurf von Domenico Merlini. Das quadratische Hauptgebäude ist dreistöckig, aber nicht sehr groß, die seitlichen Pavillons wurden etwas später errichtet und mit dem Mittelbau über geschwungene Seitenflügel verbunden.

Diese Flügel bestanden zunächst nur aus dem Erdgeschoß, mit von Balustraden umgebenen Aussichtsterrassen, die sich auf dem Dach erstreckten. Später setzte man ein weiteres Stockwerk auf das Erdgeschoß und die Pavillons verwandelten sich damit zu integrierten Bestandteilen der Flügel, so daß das Gebäude an Monumentalität gewann. Danach wirkte es nicht mehr wie eine Villa, sondern wie ein kleines barockes Palais mit einem zentralen Baukörper und zwei niedrigeren Seitenflügeln. Die Dekoration der Fassade zeugt von großer künstlerischer Qualität. Dies ist so ziemlich das einzige Bauwerk in Warschau, dessen Dekorationen sich in so gutem Zustand erhalten haben.

In die Fassade ist eine drei Stockwerke hohe monumentale Nische eingefügt, deren Kassettengewölbe mit Rosetten verziert wurde. Darüber öffnet sich ein horizontales ovales Fenster, umgeben von einem vorkragenden, stilisierten Muschelrahmen. Die die Nische einfassenden Pilaster tragen reich ornamentierte, in die Fläche eingemeißelte Friesbänder. Rechts und links von der Tür öffnen sich Nischen mit muschelförmiger Wölbung, in denen die Figuren von *Flora* und *Zephyr* stehen. Die rechteckige Fenstertür über dem Eingang ist von einem runden Medaillon mit den Buchstaben "JP" bekrönt, so daß man annehmen darf, daß das Palais gestaltet wurde, um Stanislaus Augusts Neffen Herzog Józef Poniatowski aufzunehmen. Rechts und links stehen auf Sockeln vor der Nische und am Ende von zwei Eisengeländern, die

Łazienki, Myślewicki-Palais,
Eßzimmer

Łazienki, Myślewicki-Palais,
Raum mit Landschaftsgemälden

die Treppe begleiten, zwei Laternen haltende Kinder. Die Seitenflügel haben keine Dekoration außer den vorkragenden Fensterumrahmungen. Das Innere des Palais' enthält immer noch zu großen Teilen seine originale Ausstattung. Einer der repräsentativsten Räume ist das Eßzimmer, das im Erdgeschoß in der Ostecke des Hauptgebäudes liegt (später in Schlafraum verwandelt). Die Längsachse betont ein Kamin aus Marmor mit einem Spiegel darüber. Die Wände bedecken Gemälde mit Ansichten von Rom und Venedig. Auf der Hauptwand erscheint die Darstellung *Ansicht der Brücke San Michele in Rom* und gegenüber, zwischen den Fenstern, die *Casina von Pius IV. im Vatikan*; auf beiden Seiten des östlichen Fensters erkennt man *Ansichten des Markusplatz in Venedig*. Die 1778 entstandenen Gemälde wurden von Jan Bogumil Plersch nach damals publizierten Stichen angefertigt; er malte auch die Grotesken im Eßzimmer des Weißen Hauses. Diese beiden so vollständig verschiedenen Dekorationsformen, etwa zur selben Zeit entstanden, beweisen, welch ungewöhnliches Talent er besessen haben muß.

Es gibt im Westteil des Erdgeschosses noch einen kleinen Raum mit Landschaftsdekorationen, es handelt sich um sieben Fantasieansichten antiker Ruinen vor dem Hintergrund romantischer Landschaften.

In der Nähe des Myślewicki-Palastes liegt die sog. Wielka Oficyna (großes Nebengebäude), in der zur Zeit von Stanislaus August Diener wohnten und eine Küche untergebracht war. Später baute man es in die Schule für Offizierskadetten um; am Abend des 29. November 1830 machte sich das erste Kommando des Novemberaufstandes von hier aus auf den Weg.

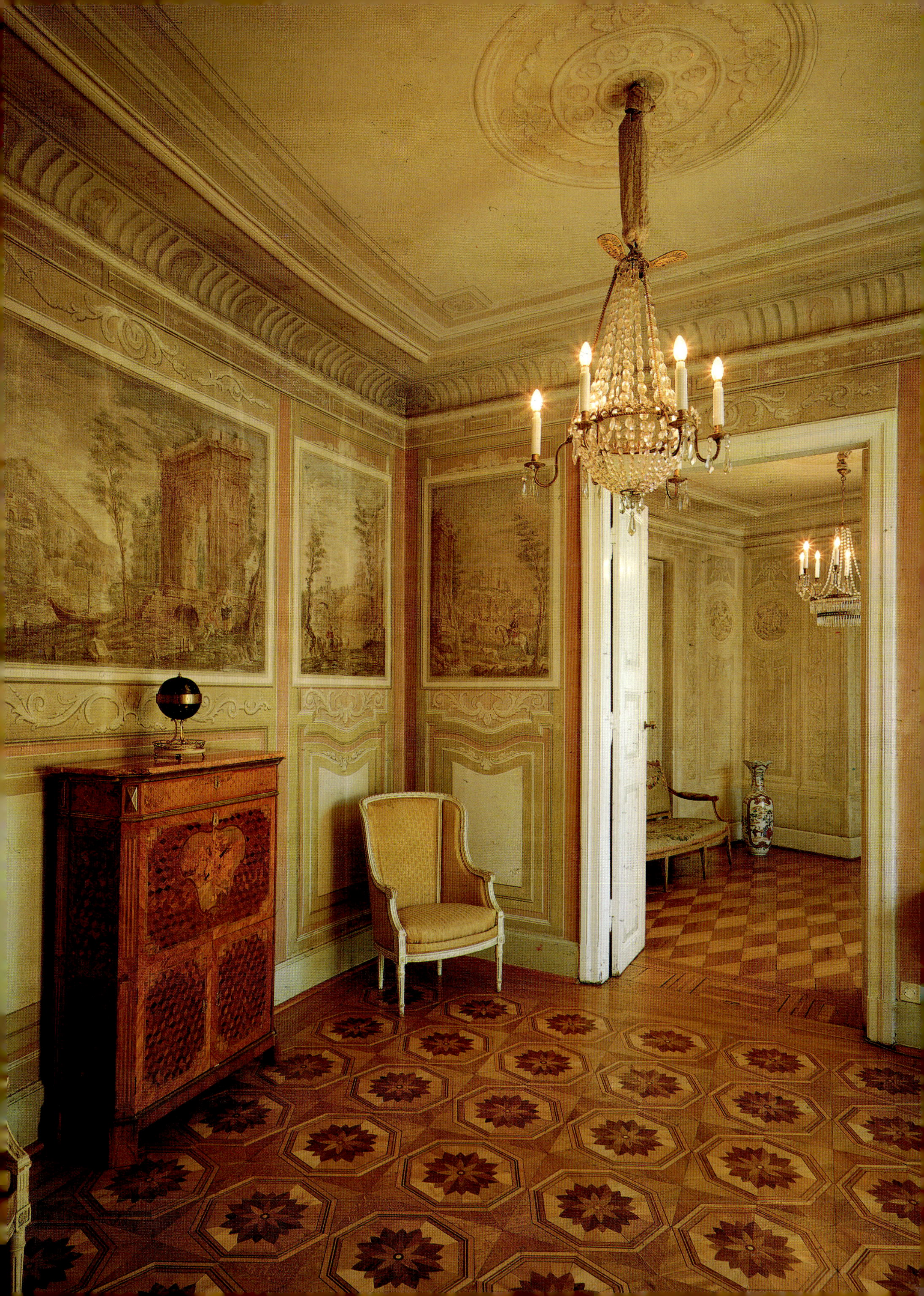

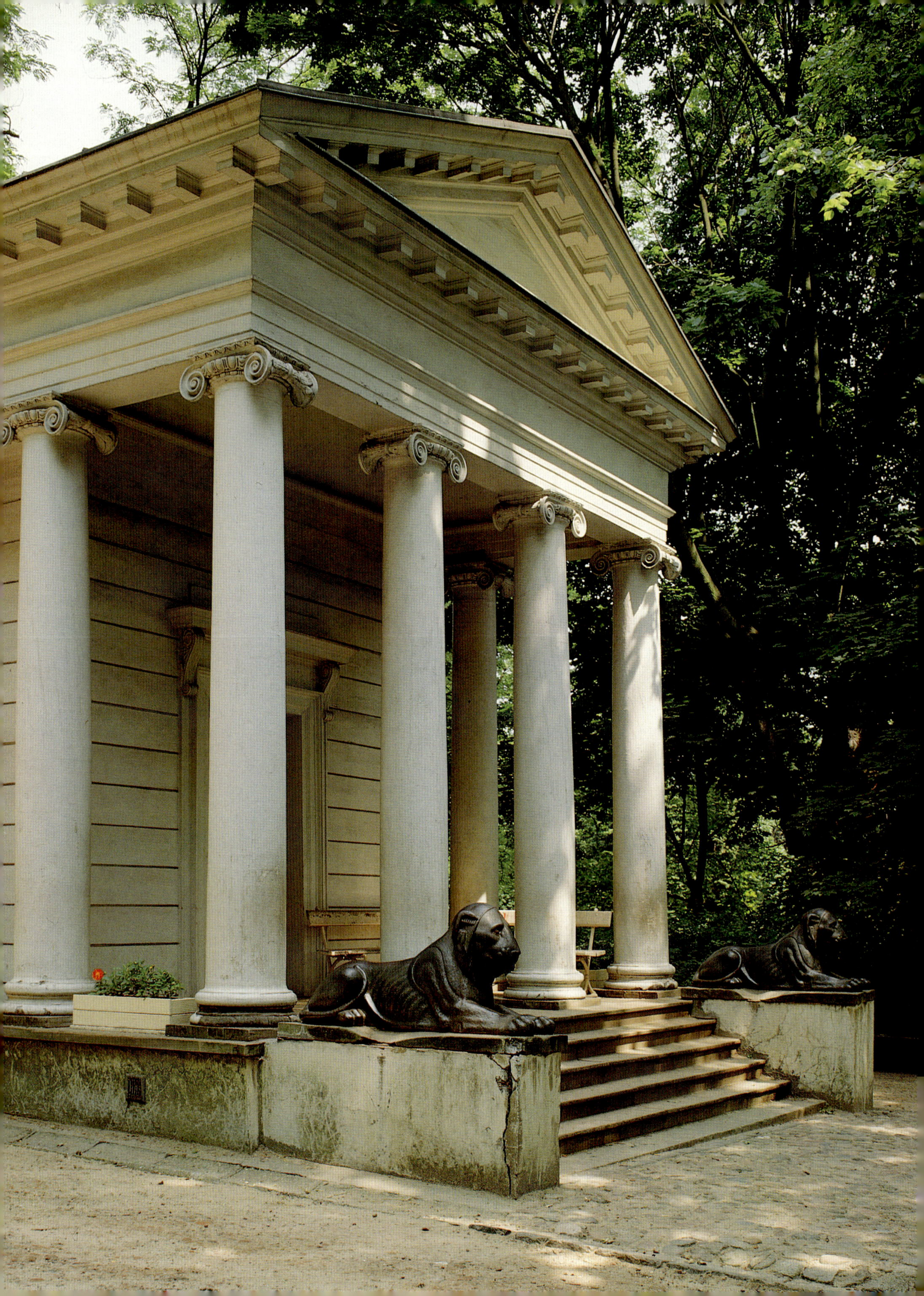

Łazienki, Tempel der Sybille (Diana) Łazienki, Wasserrosen auf dem Teich

TEMPEL DER SYBILLE

Dieser kleine Tempel liegt in einem abgeschiedenen Winkel des Parks, unter dem Belvedere. Nachdem 1817 der Lazienki-Park in den Besitz von Zar Alexander I. gelangte, wurde dieser Teil abgetrennt und dem Belvedere, der Residenz des Zarenbruders Großherzog Konstantin, zugeschlagen. Der Belvedere-Garten erhielt eine romantische Form, mit weiten Wiesen, die von Büschen und Baumgruppen getrennt wurden. Gegenüber vom Palast entstand ein Teich mit unregelmäßigem Rand; in seinem östlichen Teil legte man eine von Bäumen bewachsene Insel an, die über eine Brücke zugänglich ist. Auf einem Hügel auf der Nordseite des Teiches baute man den sog. Tempel der Sybille. Es handelt sich um eine rechteckige Holzkonstruktion mit einem ionischen Portikus, eine Reminiszenz der griechischen Klassik. Vor dem Eingang liegen zwei Löwen aus Eisenguß. Den Innenraum erleuchten rechteckige Fenster, die an den Seitenwänden angebracht sind. Diese Wände bemalte man mit Blumen und Früchten. Das Baudatum wird auf 1820-1822 geschätzt. Neben dem Tempel der Sybille entstanden im Belvedere-Garten noch zwei weitere Pavillons, die neugotische Orangerie, der sog. Ägyptische Tempel und die Ägyptische Brücke.

Łazienki, Jan Sobieski-Denkmal an der Agrykola

DENKMAL DES JAN SOBIESKI

Eines der wichtigsten Kunstwerke im Łazienki-Park ist die Reiterstatue von *König Johann III. (Jan Sobieski)*, die auf einer Brücke in der Agrykola-Straße den Teich nach Norden abschließt. Die Statue fertigte Franciszek Pinck an, wahrscheinlich nach einem Entwurf von André Le Brun. Der ritterlich gekleidete König sitzt auf einem sich aufbäumenden Pferd, unter dessen Hufen ein Türke liegt, zu Seiten stehen die von den Türken eroberten Waffen. Die Barockstatue von *Johann III.* aus Stuck im Wilanów-Palast diente als Vorbild. Die kleine Brücke in der Agrykola-Straße wurde erweitert, um hier das Monument aufstellen zu können; man baute zwei weitere Bögen nach Osten hin an, während der mittlere Teil an der Nordseite einen Anbau mit Arkade erhielt. Auf ihm errichtete man Sockel und Monument. Die Brücke wurde mit steinernen Pfeilern und einer Eisenbrüstung umgeben. Die Enthüllung dieses größten Denkmals des Łazienki-Parkes feierte man am 14. September 1788, dem Jahrestag des Sieges über die Türken bei Wien. Die Figur von *Johann III.* erscheint oftmals in von Stanislaus August gestifteten Kunstwerken, weil er der von ihm bevorzugte Monarch der polnischen Geschichte war.

Die Enthüllung des Monumentes und die dazugehörigen Feierlichkeiten sollten nicht nur dem heldenhaften König ein Tribut zollen, sondern es war die Absicht von Stanislaus August, über die Erinnerung an Wien eine türkenfeindliche Stimmung zu erzeugen. Polen sollte der Koalition von Rußland und Österreich gegen das ottomanische Reich beitreten. Das von ihm gewünschte politische Ziel wurde nicht erreicht, aber der Łazienki-Park gewann ein neues Monument.

CHOPIN-DENKMAL

Die Enstehung dieses Monumentes bedeutete die Überwindung zahlloser, unvorstellbarer Hindernisse. Die Warschauer Musikgesellschaft hatte 1876 als erste die Idee, dem großen polnischen Komponisten in Warschau ein Denkmal zu setzen. Da jedoch die Verwalter des geteilten Landes Schwierigkeiten machten, gelang es zunächst nur, eine Tafel an dem Pfeiler der Heiligkreuzkirche anzubringen, in dem Chopins Herz aufbewahrt wird. 1899, anläßlich des 50. Todestages des Komponisten, wurde die Denkmalsidee wieder aktuell. Im Jahr 1902 bildete sich in Warschau eine Gesellschaft für die Errichtung eines Monumentes zu Ehren von Frédéric Chopin. Die Ausschreibung des Wettbewerbs für einen entsprechenden Entwurf wurde 1908 veröffentlicht. Man entschied sich für das Werk des berühmten Malers und Bildhauers Wacław Szymanowski, das alle Merkmale des Jugendstils zeigt. Das Wasser eines Teiches sollte die Skulptur wiederspiegeln und ihre bewegten Linien und impressionistische Formen noch fließender werden lassen. Der unter einer Weide sitzende Chopin wird Teil der melancholischen polnischen Landschaft - "er lauscht den Stimmen der Natur", die Musik entsteht nur aus diesem intensiven Lauschen. In diesem Sinne konzipierte der Künstler das Wesen von Chopins Musik,- die Landschaft des Heimatlandes als Inspirationsquelle. In den Zeitungen begann eine lebhafte Diskussion um das Denkmal, der Künstler wurde abwechselnd gepriesen und unbarmherzig kritisiert. Die Arbeiten für die Vollendung des Werkes, dessen Gipsform in Frankreich modelliert werden mußte, gingen aus finanziellen Schwierigkeiten nur sehr langsam voran.

Der Ausbruch des Ersten Weltkrieges unterbrach das Projekt und nach dem Krieg kam es ebenfalls nicht weiter. Nur dank des eisernen Willens des Künstlers, der seine bedeutendste Leistung zum Abschluß bringen wollte, gelang es schließlich, das Monument zu errichten. Die Enthüllungszeremonie fand am 14. November 1926 statt, fünfzig Jahre nach der ersten Denkmalsidee und fast 25 Jahre nach den ersten Anstrengungen um die Ausführung. Doch blieb das Chopin-Denkmal nur 18 Jahre lang unbehelligt, denn nach dem Ausbruch des Zweiten Weltkrieges galt Chopins Musik als illegal und die Deutschen zerstörten alle Gemälde und Skulpturen des Künstlers. Das Denkmal im Łazienki-Park wurde sogar als erstes Warschauer Denkmal umgestürzt. Nach dem Krieg erfolgte seine sorgfältige Rekonstruktion und Wiedererrichtung am ursprünglichen Platz.

Łazienki, Denkmal des Frédéric Chopin

Technische Universität, Fassade

Technische Universität, Treppenhaus

Technische Universität, Innenhof

STADTZENTRUM

TECHNISCHE UNIVERSITÄT WARSCHAU

Die Entstehung der Technischen Universität begann mit dem Jahr 1825, als Stanislaus August in Warschau die Polytechnische Schule einrichtete. Nach dem Novemberaufstand wurde sie 1831 geschlossen und erst 1879 wiedereröffnet. In den Jahren 1899-1991 baute man die Schule mit öffentlichen Mitteln aus, wobei das Zentralgebäude (1899-1900), von Stefan Szyller entworfen, Teil eines größeren Bauvorhabens war. Szyller fügte in das Hauptgebäude den Bau der physikalischen Fakultät ein, während die übrigen Bauwerke (mit den Fakultäten für Mechanik und Chemie) von Bronisław Brochowicz Rogoyski ausgeführt wurden.

Das Hauptgebäude hat einen eklektischen Stil, mit klassizistischen und Renaissance-Elementen. Der Grundriß hat die Form eines Pentagons mit drei Innenflügeln. Drei

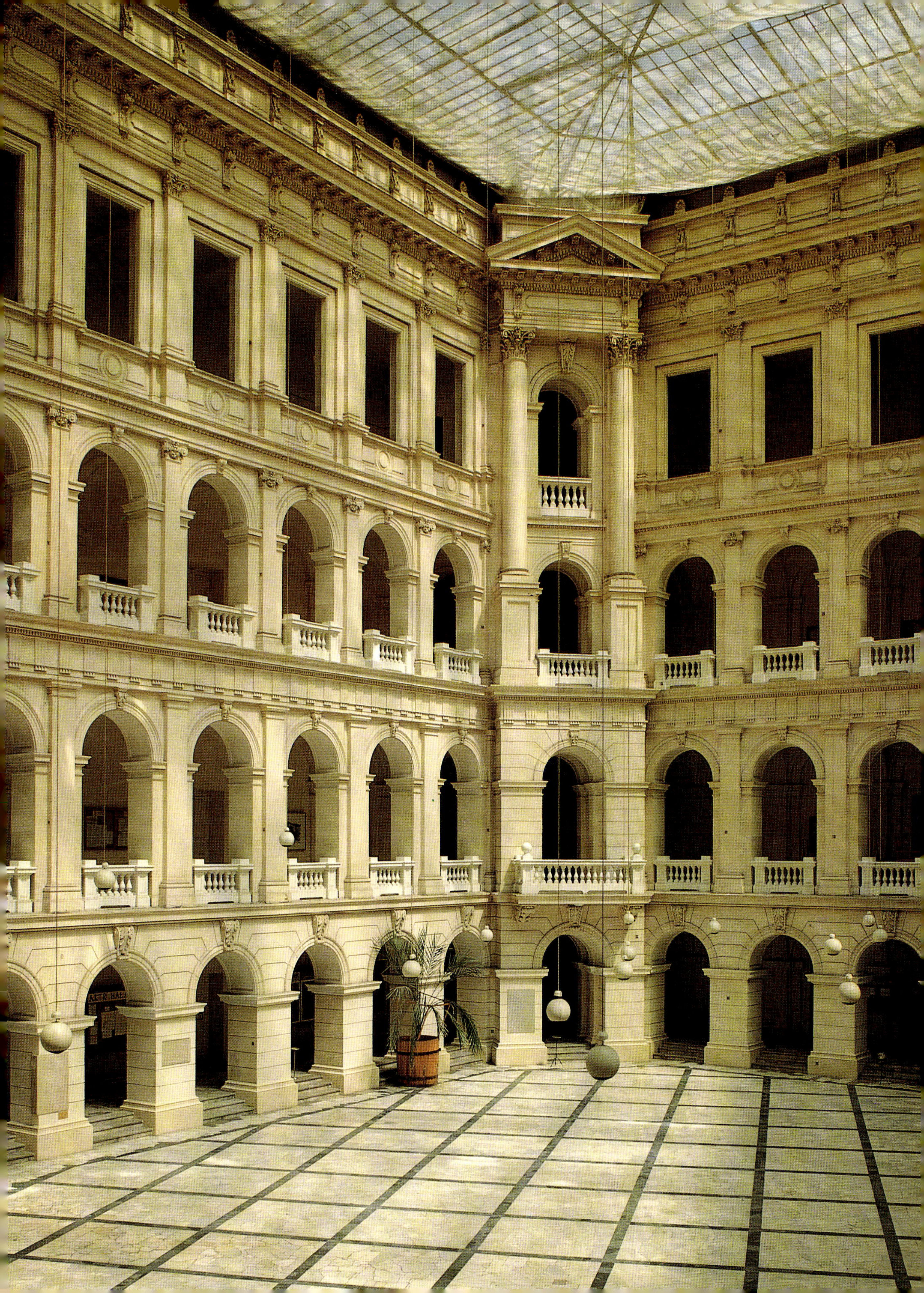

Technische Universität, Skulpturengruppe der Bekrönung

Häuser in der Jerozolimskie-Allee

Stockwerke des großen Innenhofs mit Glasdach sind von Pfeilerarkaden umgeben, das vierte Stockwerk hat rechteckige Fensteröffnungen. Dieser Innenhof, wie auch die Seitenhöfe, liegen auf der Achse des Hauptflügels. Die Fassade bekrönt eine Skulpturengruppe von Pius Weloński mit der Apotheose der Wissenschaft. Einer der Innenhoffassaden ist mittig ein offenes Treppenhaus vorgelagert, mit einem dekorativen, halbkreisförmigen Balkon an der Mittelachse.

JEROZOLIMSKIE-ALLEE

Die Gebäude an der Jerozolimskie-Allee zwischen der Marzałkowska- und Emilii Plater-Straße können als Beispiel für die Warschauer Architektur des frühen 20. Jahrhunderts gelten, als kein bestimmter Stil vorherrschte und die Architekten entweder Gebäude ohne Stil bauten oder bis zu einem gewissen Grad z. B. den Jugendstil anwandten. Das "Polonia"-Hotel, zwischen 1909 und 1913 nach Entwürfen von Nagórski und Jozef Holewiński entworfen, ist ein Gebäude des frühen Jugendstils, vermischt mit klassischen Formen. Die benachbarten Gebäude, in den Jahren 1900-1910 errichtet, bewahren die stilistischen Eigenheiten des frühen Jugendstil, mit Elementen aus Barock und Klassizismus. Originell ist das Gebäude an der Kreuzung Jerozolimskie-Allee und Poznańska-Straße, 1905-1906 nach Plänen von Ludwik Panczakiewicz mit Jugendstildekor errichtet. Der Jugendstil faßte in Warschau zu Beginn des 20. Jh. Fuß, er entstand als Reaktion auf den Historismus und den Eklektizismus in Kunst und Architektur. Er zeichnet sich durch Asymmetrie, frei fließende Formen und florale Motive aus. All diese Merkmale sind an dem eben erwähnten Gebäude feststellbar, die Kuppel hat eine asymmetrische Position, die hufeisenförmigen Fenster sind unten schmäler als oben, der Mittelrisalit an der Fassadenachse hat Fenster, deren innere Unterteilung in kurvigen Linien verläuft und die Fassadendekoration besteht aus stilisierten Pflanzenformen und Masken. Andere Jugendstilgebäude in Warschau sind beispielsweise die Markthalle in der Koszykowa-Straße (1908) und die Landau Bank in der Senatorska-Straße (1904-1906) mit noch erhaltenen Jugendstilformen auch im Inneren.

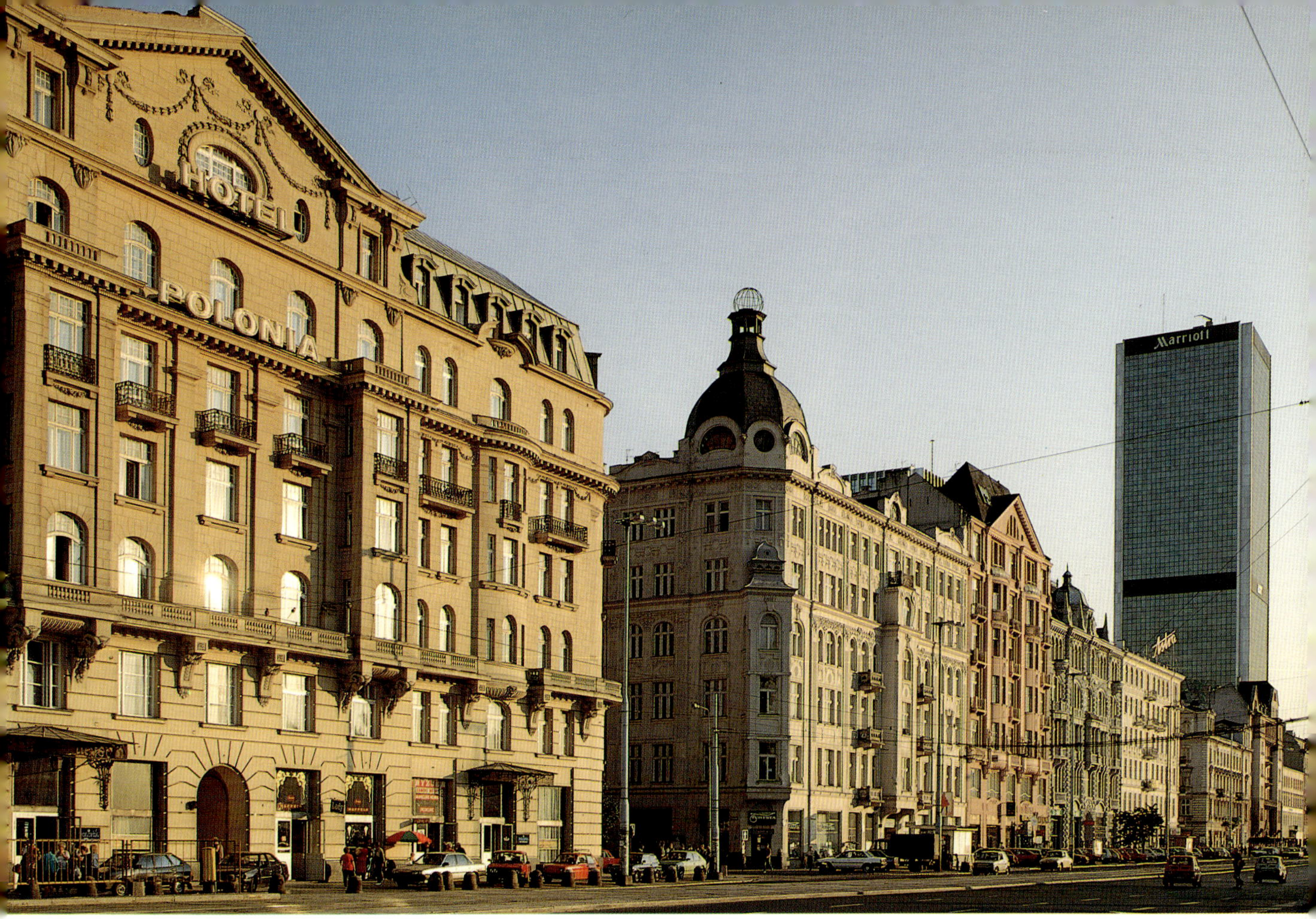
HOTEL
POLONIA
Marriott
Astra
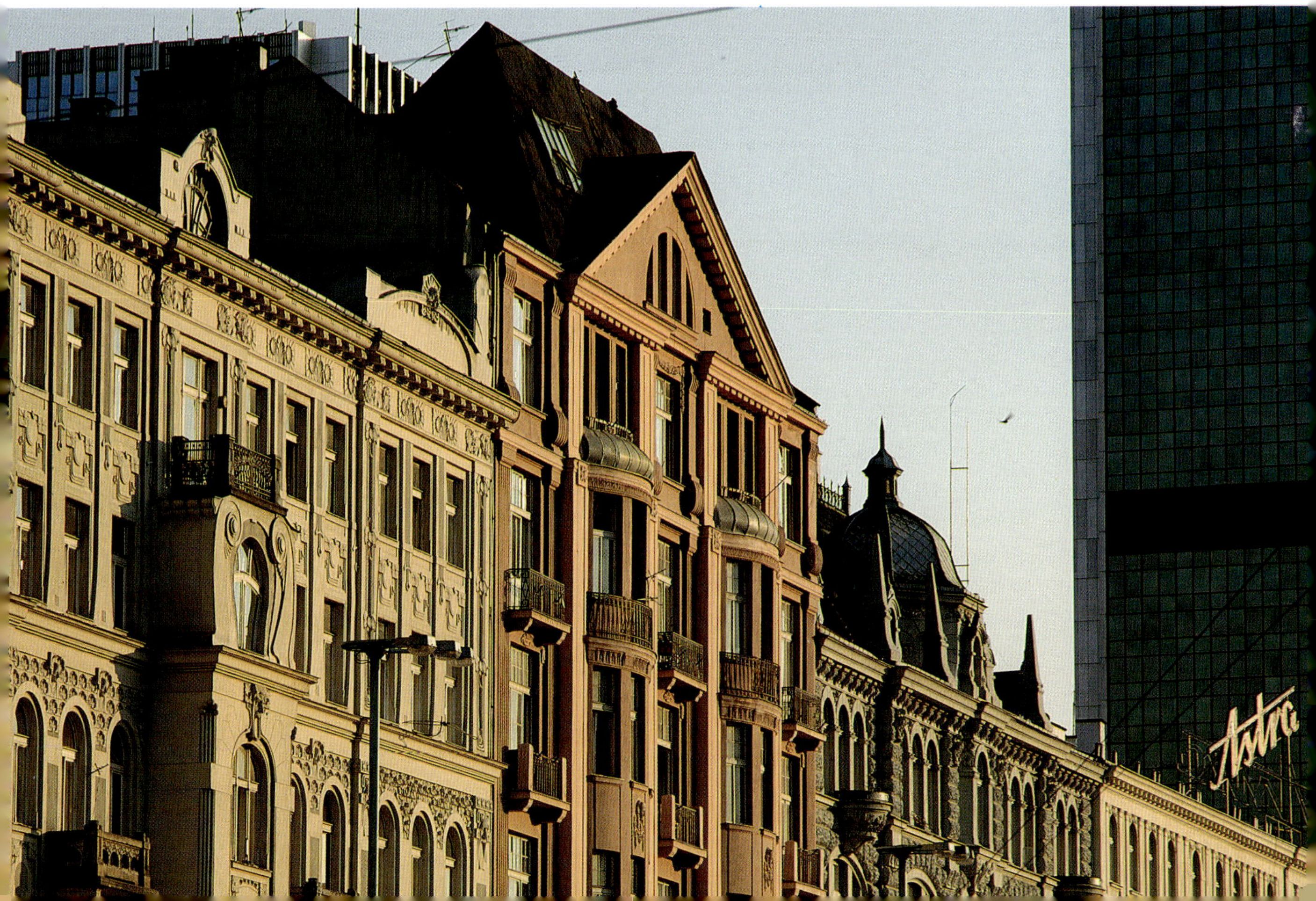
Astra

Auf dieser und der nächsten Seite:
Kulturpalast

Auf den nächsten Seiten:
Das Stadtzentrum

DER AUFMARSCHPLATZ

Längs der Westseite von der Marszałkowska-Straße, zwischen Świętokrzyska und Jerozolimskie-Allee, wurde der sog. Aufmarschplatz (Plac Defilad) angelegt. Das geschah, nachdem man die Reste der Straßen, die früher die Marszałkowska-Straße kreuzten und 1944 zerstört worden waren, abgeräumt hatte. Den Platz beherrscht der monumentale Palast für Kultur und Wissenschaft, der in den Jahren 1952-1955 nach Plänen des russischen Architekten Lev Rudniev entstand und Warschau als ein Geschenk der Sowjetunion übergeben wurde. Einschließlich der Turmspitze erreicht er eine Höhe von 134 m. Vor dem Haupteingang, an der Marszałkowska-Straße, stehen Skulpturen, die *Adam Mickiewicz* (von Stanisław Horno-Popławski) und *Nikolaus Kopernikus* (von Ludwika Nitschowa) darstellen. Der riesige Palast beherbergt u. a. die polnische Akademie der Wissenschaften, das polnische UNESCO-Komitee und die Sektion des polnischen Pen-Clubs. Außerdem gibt es Theater (Dramatyczny, Studio, Lalka), das Technologie-Museum, das von der polnischen Wissenschaftsakademie geleitete Zoologie-Museum und Ausstellungshallen, Restaurants, Cafés, Sporthallen und ein prächtiges Schwimmbad. Die theaterförmige Kongreßhalle ist ein Ort für öffentliche Feierlichkeiten und Unterhaltung. Im dreißigsten Stockwerk des Palastes gibt es eine Aussichtsgalerie, von der man etwa 30 km weit über Warschau hinwegblicken kann. An der Ostseite von der Marszałkowska-Straße, längs des Aufmarschplatzes, wurde der sog. "Ostwall" gebaut (1962-1969). Das ist eine Gruppe von Gebäuden mit vier Kaufhäusern, dem PKO-Rundbau, drei 24 Stockwerke hohen Wolkenkratzern, Geschäften, Cafés, Kinos und Theatern. Auf der Rückseite der Kaufhäuser gibt es eine Fußgängerpromenade, frei vom Straßenverkehr des Zentrums, die Arkaden, Blumenbeete, gemütliche Innenräume und Terrassencafés verschönern.

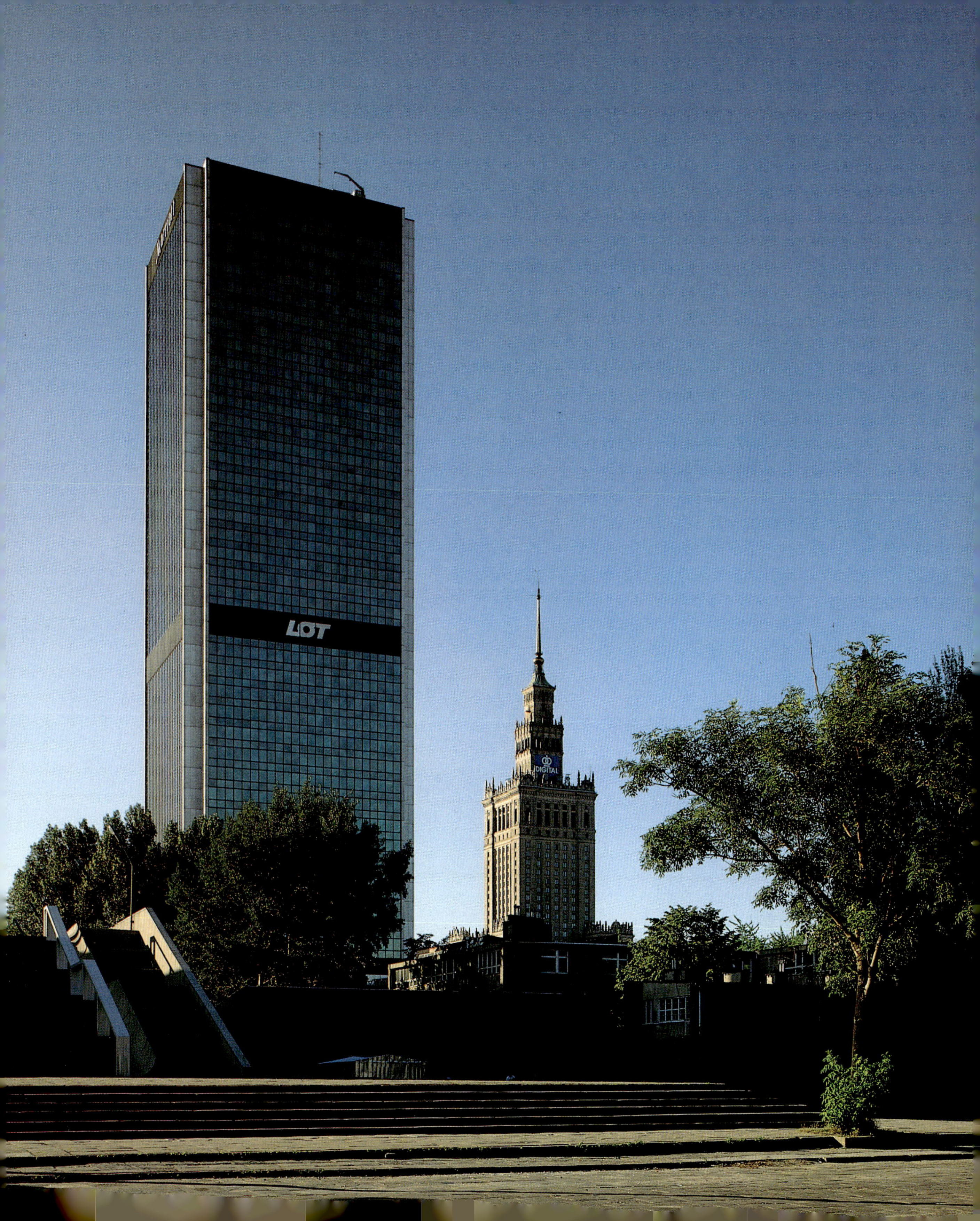
LOT
DIGITAL

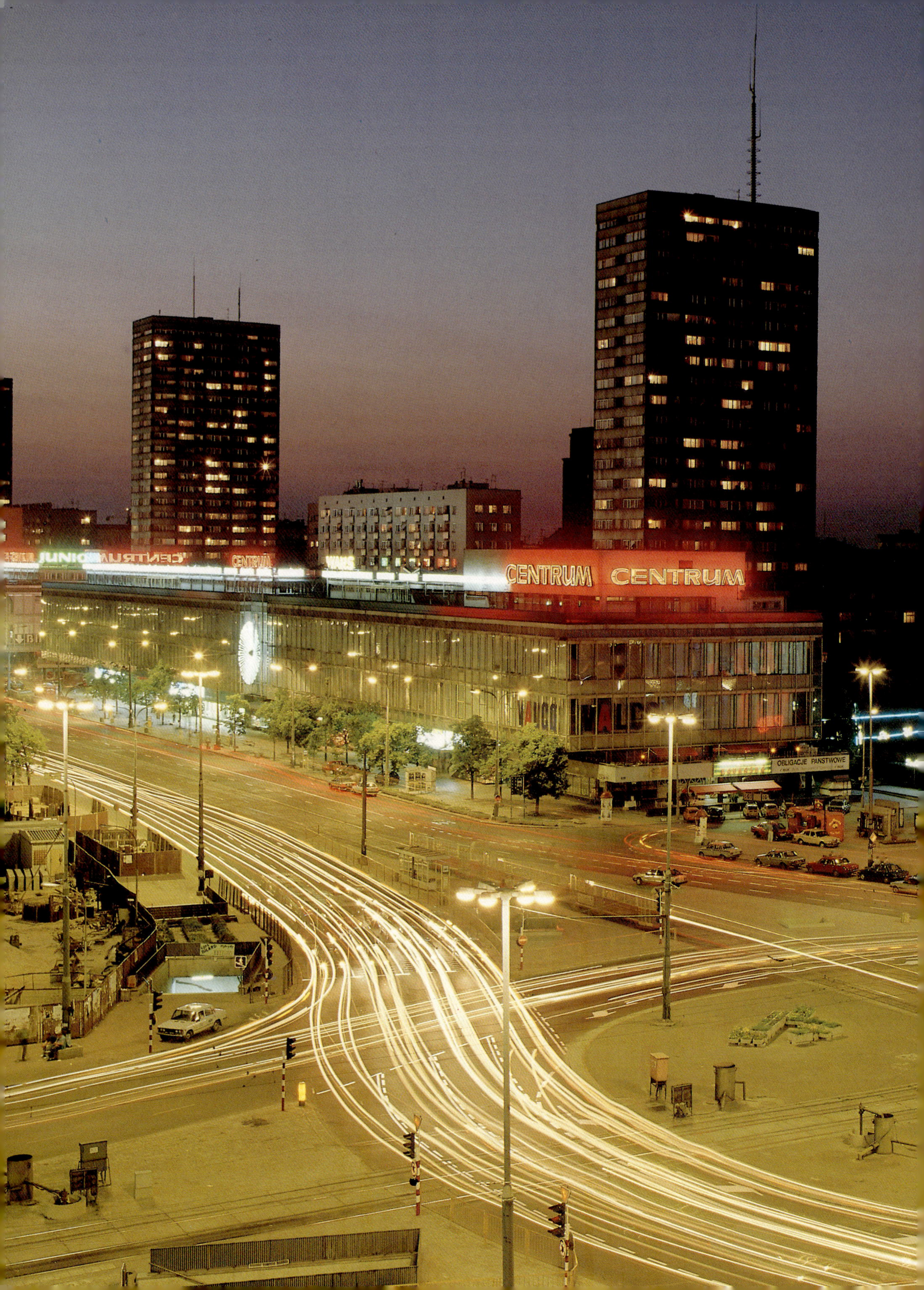
CENTRUM
CENTRUM CENTRUM
OBLIGACJE PANSTWOWE

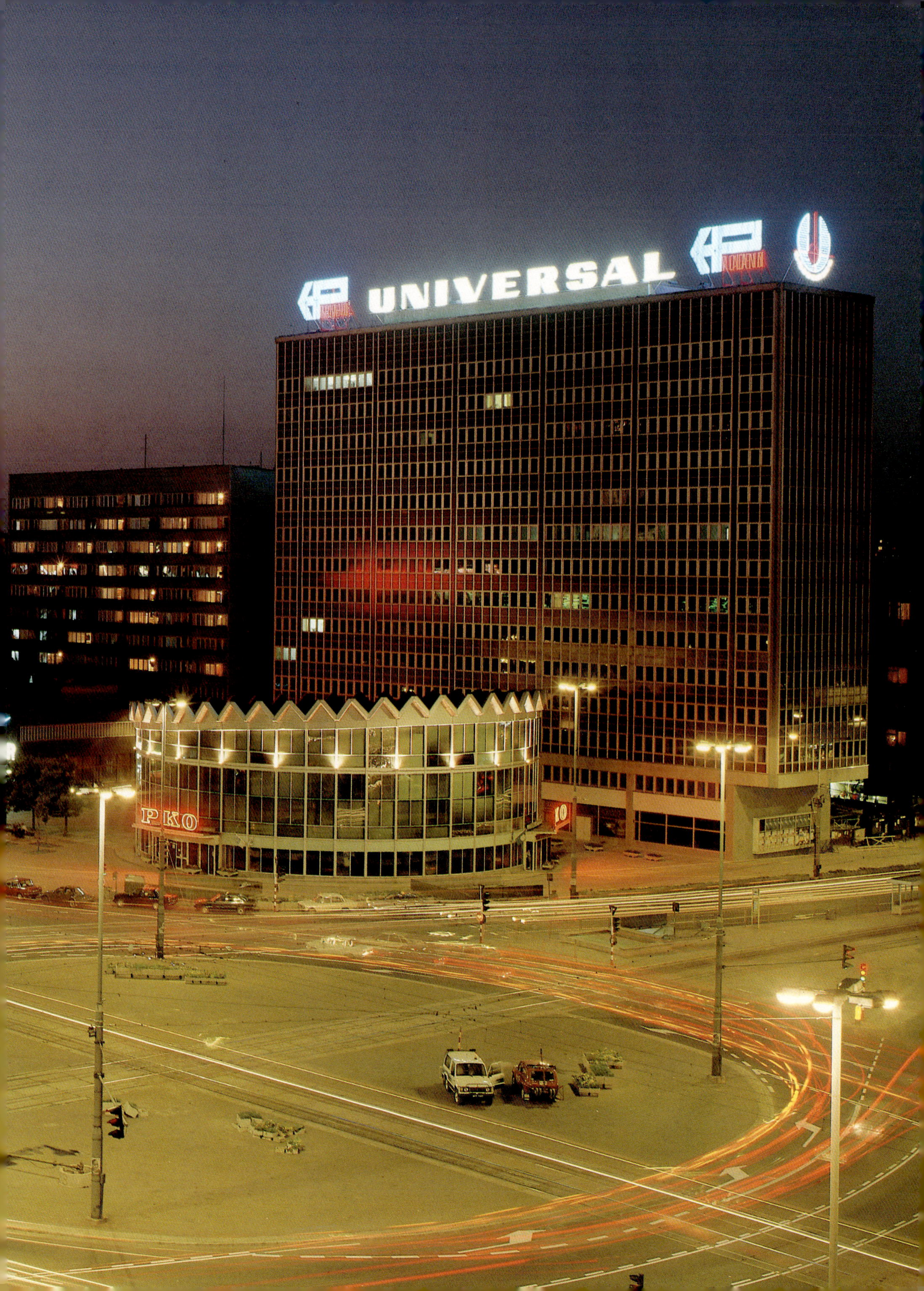
UNIVERSAL
PKO

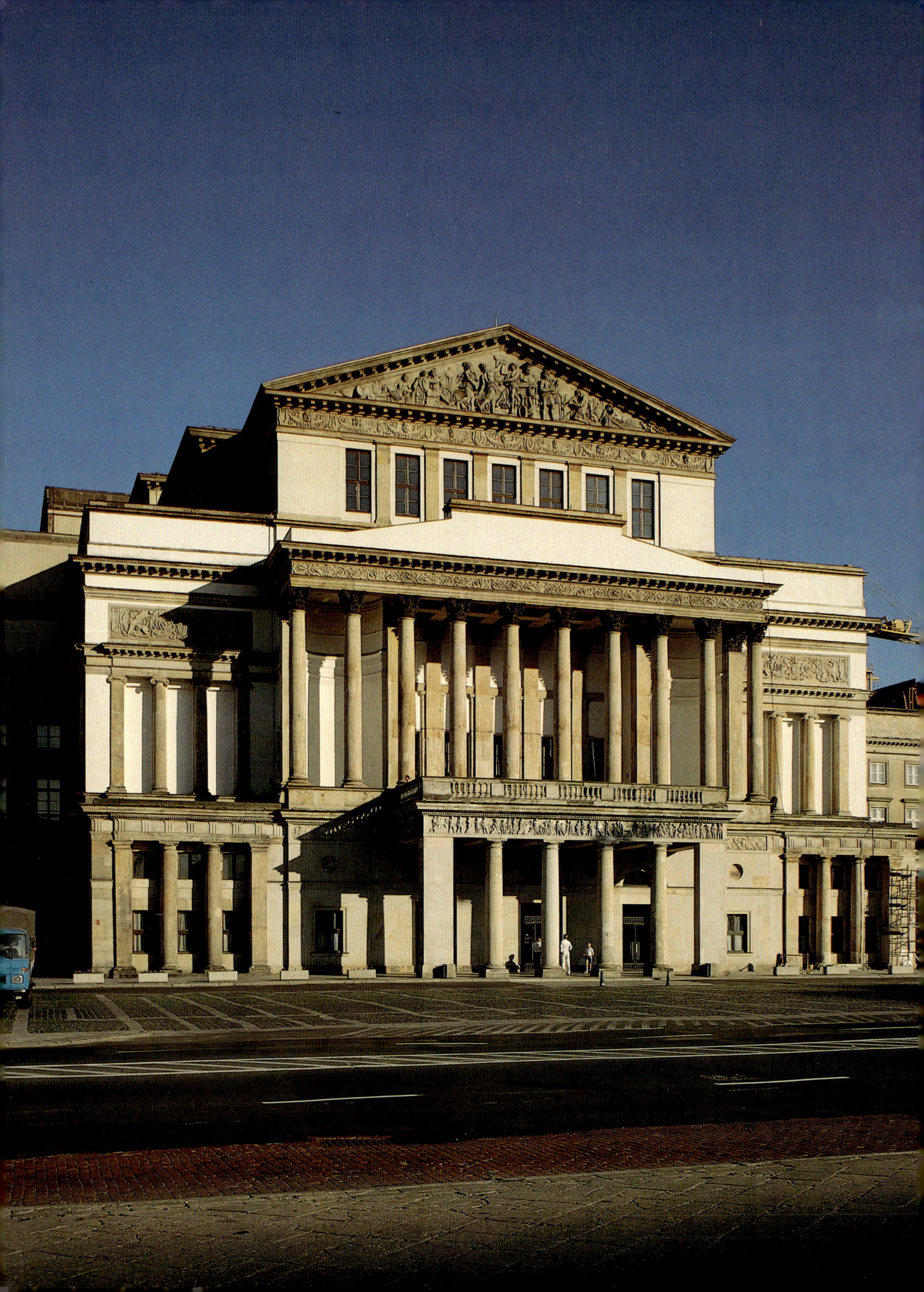

Das Große Theater

Krasiński-Palais, Tympanon an der Gartenfassade

Auf den nächsten Seiten:
Krasiński-Palais, Gartenfassade

DAS GROSSE THEATER

Das Große Theater enstand 1825-1832 nach einem Entwurf von Antonio Corazzi. Es wurde anstelle des Marywil erbaut (siehe S. 4). Als einziger Teil des Marywil blieb ein Nebengebäude stehen, das sog. Säulenhaus (Markthaus), das 1810 Peter Aigner gebaut hatte. Das Nebengebäude verwandelte Corazzi in den linken Flügel des Theaters. Auf der gegenüberliegenden Seite fügte er einen zweiten Flügel hinzu, der Aigners Fassade wiederholte. Ein großer korinthischer Portikus mit darübergelagertem Giebelbau, den ein Tympanon bekrönt, sind die dominierenden Motive der Fassade. Die seitlichen Terrassen stützen zwei dorische Säulenordnungen. Das Tympanon schmücken Reliefs des italienischen Bildhauers Tommaso Acciardi und zeigen den griechischen Dichter Anakreon von tanzenden Figuren umgeben. 1890 wurde der Hauptfassade eine Säulenhalle vorgelagert. Deren Fries hat die *Rückkehr des Ödypus von den olympischen Spielen* zum Thema, eine Arbeit von Paweł Maliński. Während des Krieges wurde das Theater stark beschädigt und brannte innen vollkommen aus, nur die klassizistische Fassade blieb stehen. Der heutige Bau, von Bohdan Pniewski geplant, wurde 1951-1965 ausgeführt. Vor dem Theater stehen die Denkmäler von Stanislaw Moniuszko und Wojciech Bogusławski.

KRASIŃSKI-PALAIS

Das Palais ist eines der hervorragendsten Werke des Architekten holländischer Herkunft Tylman van Gameren. Es entstand 1677-1682 für den Starost (Landeshauptmann) von Warschau Jan Dobrogost Krasiński.
Das Dekorationsprogramm für die Frontone an den zwei Mittelrisaliten ist außergewöhnlich interessant. Es ist der Genealogie der Krasiński-Familie gewidmet, insbesondere einem legendären römischen Vorfahren, dem Patrizier Marcus Valerius, genannt Corvinus (d. h. Rabe, nach ihm führten die Krasiński dieses Tier im Wappen). Der Fronton der Hauptfassade zeigt das Duell mit dem Anführer der Gallier, während dem angeblich ein Rabe dem Römer zu Hilfe kam. Zu dem Sieger gesellen sich Pallas Athene und Mars.
An der Gartenfassade sieht man den Triumph des Marcus Valerius. Die Kompositionsform richtet sich nach antiken Vorbildern, Andreas Schlüter führte sie zwischen 1689 und 1694 aus.
Auch im Inneren des Gebäudes spielen genealogische Motive eine Rolle. Das Palais blieb bis 1765 Besitz der Krasiński, nach dem Verkauf wurde es Sitz des Königlichen Schatzamtes. Heute ist hier die Abteilung für Handschriften und Wiegendrucke der Nationalbibliothek untergebracht.

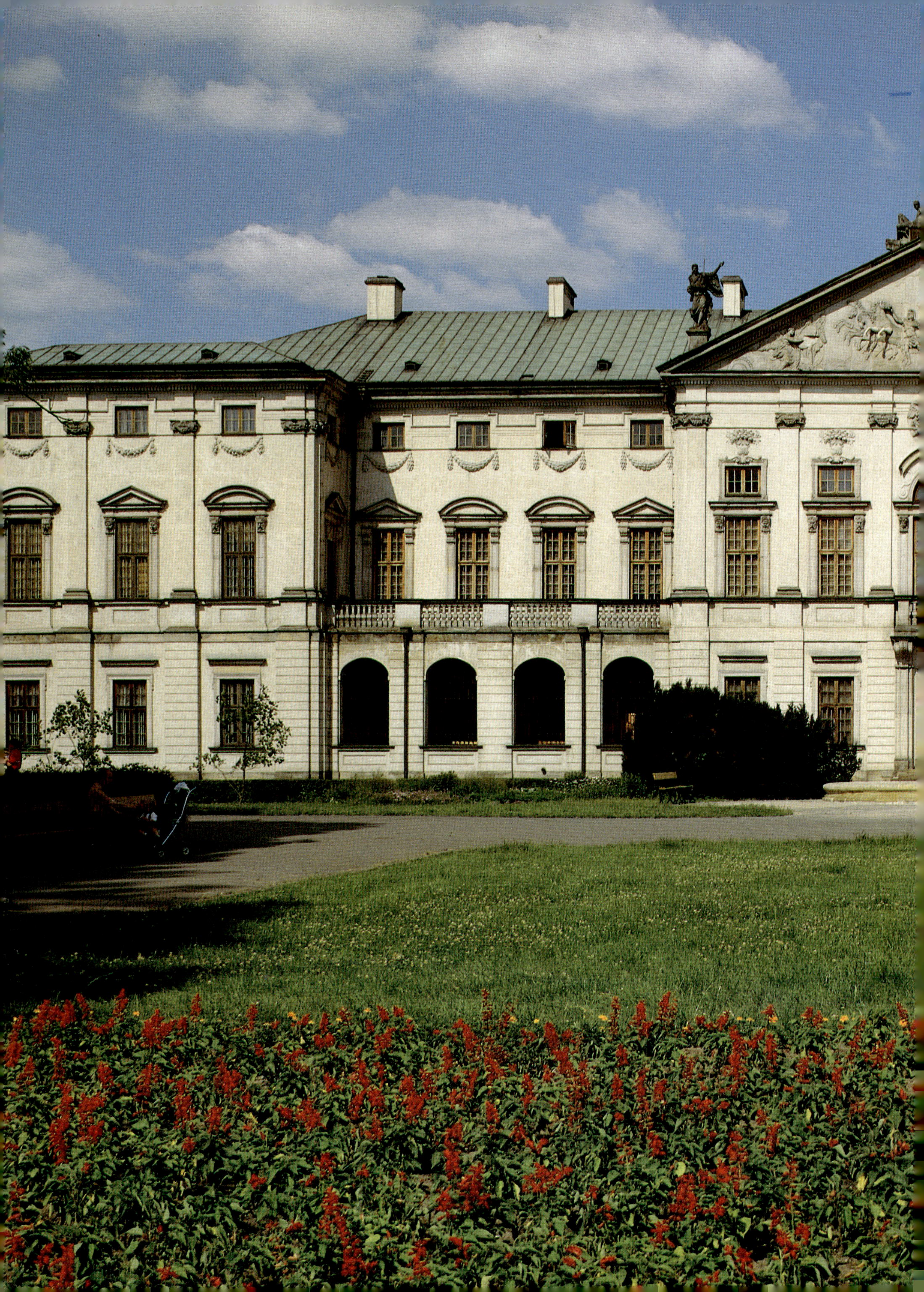

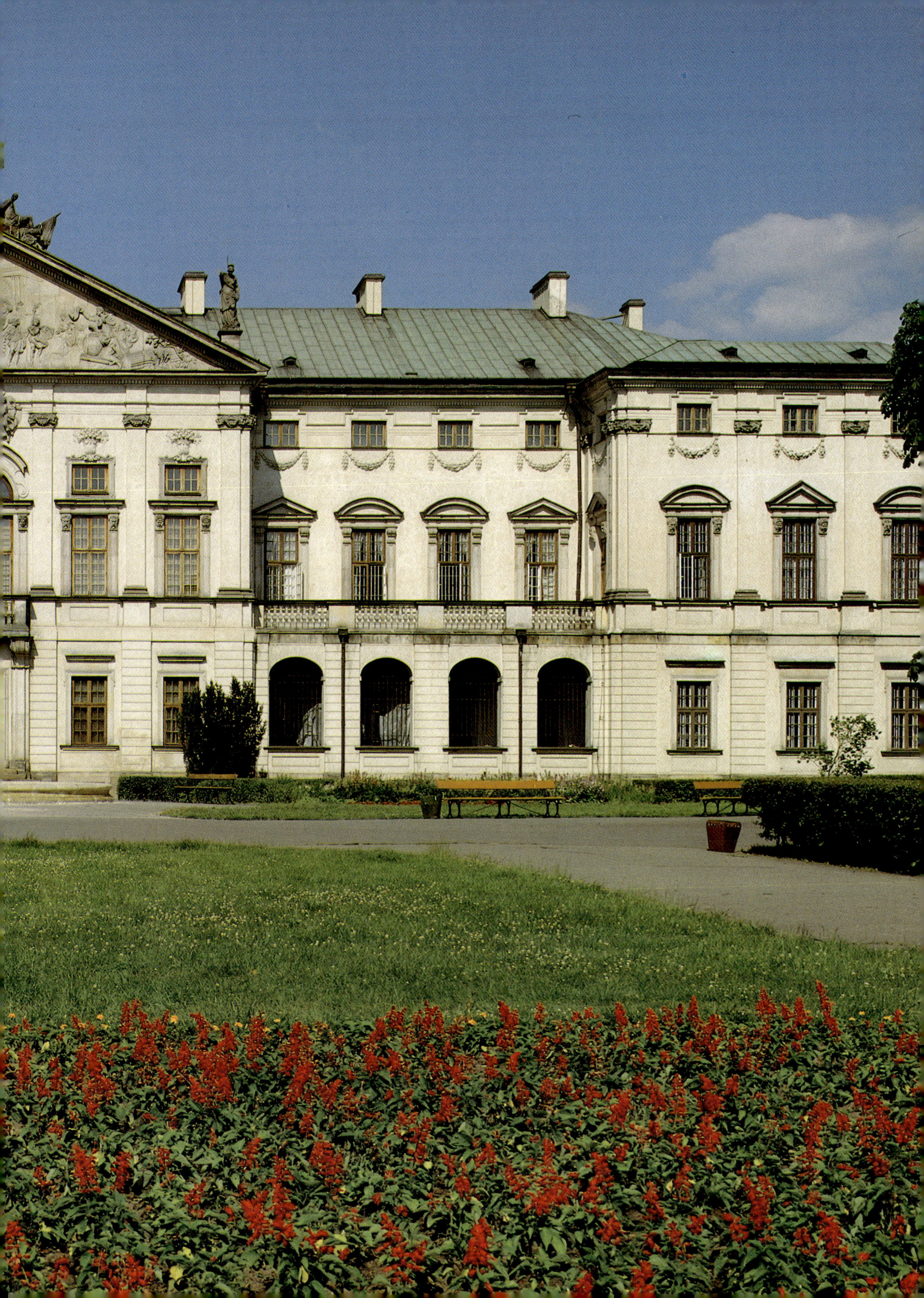

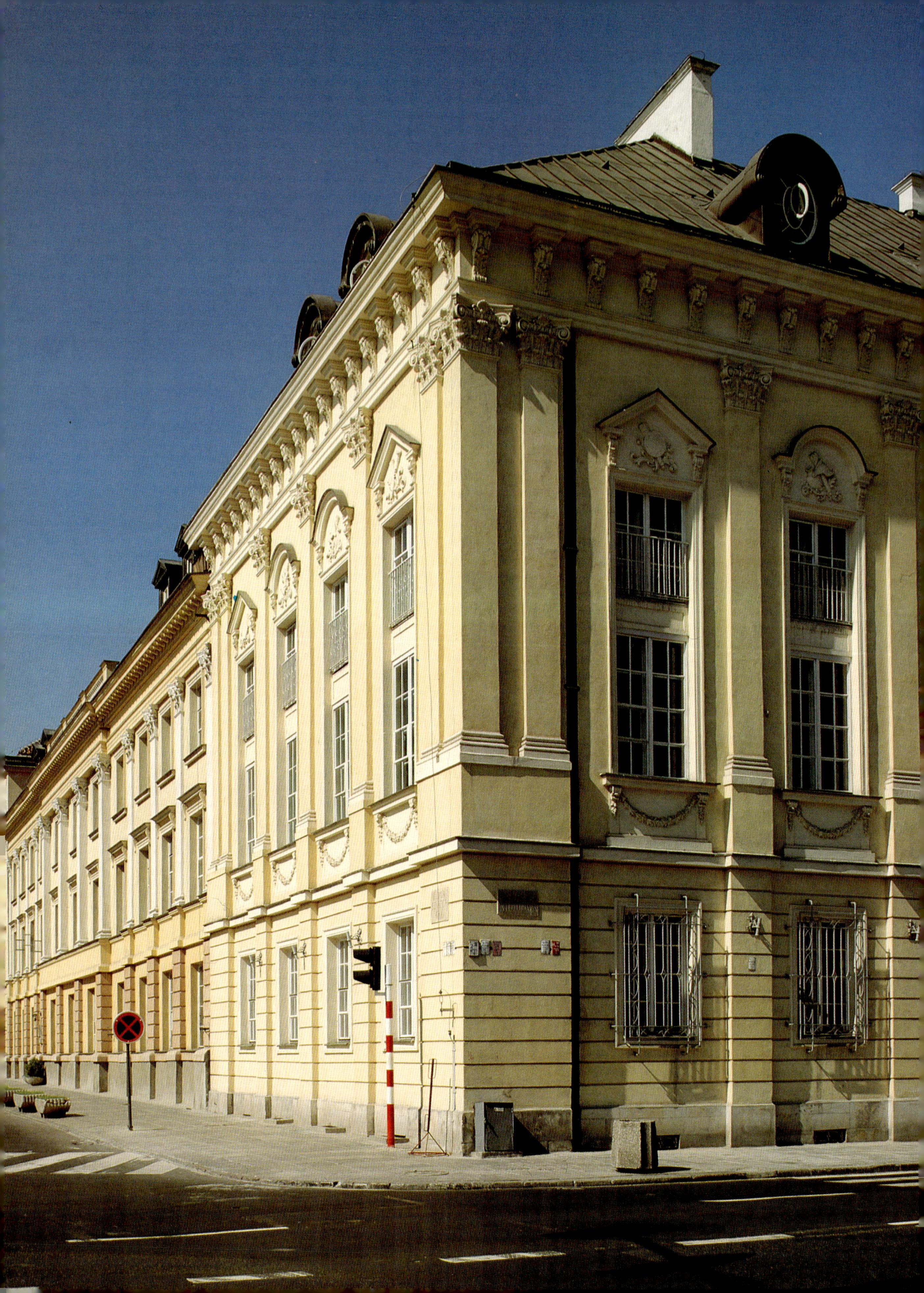

Palast der Krakauer Bischöfe   Palast des Primas von Polen

PALAST DER KRAKAUER BISCHÖFE

Im 17. Jh. entstand der Palast für den Bischof Jakub Zadzik. In den Jahren 1760-1762 erfuhr der Palast eine spätbarocke Umgestaltung nach Entwürfen von Jacopo Fontana und in der zweiten Hälfte des 19. Jh. baute man ihn als Wohnhaus aus. Im Zuge des Wiederaufbaus der Nachkriegszeit restaurierte man die barocken Formen und auch das steile Walmdach mit Mansardenfenstern. Die Wände der Beletage wurden wieder durch Pilaster gegliedert und mit Girlanden geschmückt. Der Mittelrisalit der Hauptfassade an der Miodowa-Straße ist von einer Kartusche mit Wappen bekrönt, die zwei Putten halten.

PRIMAS-PALAST

Am Ende des 16. Jh. wurde in Warschau als erster Palast der Spätrenaissance der des Primas von Polen errichtet. Am Ende des 17. Jh. bestellte der Erzbischof Michał Radziejowski bei Tylman van Gameren die Erneuerung des Palastes. Der Bau wurde durch seitliche Eckpavillons an der Haupt- und Gartenfassade erweitert. Die anschließende Erneuerung kam in der ersten Hälfte des 18. Jh. zustande, doch der umfassende Ausbau in klassizistischem Stil erfolgte in den Jahren 1777-1783 durch den Architekten Efraim Szreger. Das Hauptgebäude von Tylman van Gameren mit den Eckpavillons blieb erhalten, Szreger fügte jedoch zwei quadratische, dreistöckige Pavillons hinzu, die er mit dem Hauptgebäude mittels viertelkreisförmiger Galerien, die den Hof flankieren, verband. Der Gebäudetypus mit geschwungenen Galerien war in der zweiten Hälfte des 18. Jh. in Ländern wie England, Polen und Rußland verbreitet und stammt von den Villen des italienischen Renaissance-Architekten Andrea Palladio ab. Dank dieser Galerien verwandelte sich die Residenz des Primas in einen ausgesprochen monumentalen Palast. Die typischen Elemente dieser Architektur sind der Mittelrisalit mit seinen vier mächtigen ionischen Säulen und Fronton, seitliche Risalite, flankiert von ionischen Pilastern und toskanische, vierfache Säulenordnungen, die die Pavillonfassaden am Innenhof verzieren. Rechts und links über dem zentralen Fronton befinden sich Reliefs geflügelter Ruhmesfiguren mit Kränzen in den Händen. Solche geflügelte Allegorien erfreuten sich bis zum Spätklassizismus in Kongreßpolen großer Beliebtheit. Die seitlichen Risalite sind mit Faszes und mit aus einem Löwenmaul hervortretenden Girlanden geschmückt. Unter der Bauleitung von Szymon Bogumił Zug dauerten die Arbeiten am Palast bis 1789 an. In der ersten Hälfte des 19. Jh. kam ein weiteres Stockwerk hinzu. Der 1939 niedergebrannte Palast wurde 1949-1952 in der Form des 18. Jh. aufgebaut und restauriert.

Loupia-Palast

Gebäude der Gesellschaft für Kunstförderung (Zachęta)

ZACHĘTA-GEBÄUDE

Die Gesellschaft zur Förderung der Schönen Künste (Zachęta) war in Warschau von 1860 bis 1939 aktiv. Es lag in ihren Zielen, die polnische Kunst bekannt zu machen und den Künstlern zu helfen, vor allem zu Beginn ihrer Karriere, durch die Organisation von Einzel- und Gruppenausstellungen, Wettbewerben, Veröffentlichungen und durch die Einrichtung von Stipendien.

Im Jahr 1900 wurde das von Stefan Szyller für die Gesellschaft entworfene Gebäude errichtet. Doch von dem ursprünglichen Plan eines vierflügeligen Gebäudes mit einem von einem Glasdach bedeckten Innenhof, kam nur der Hauptflügel zur Ausführung. Seine Architektur ist von Neorenaissance- und Klassizismus-Elementen beherrscht. Der Mittelrisalit ist ein Portikus korinthischer Ordnung mit breiten Seitenpilastern und in der Mitte zwei monumentalen Säulen, die den Architrav und den von Skulpturen verzierten Fronton tragen. An den Ecken schmücken die Fassade ebenfalls breite Pilaster. Zwischen den Fenstern des ersten Stockwerks befinden sich ionische Säulen, die Fassade wird nach oben von einer flachen Bekrönung abgeschlossen.

1901-1903 wurde das Gebäude durch einen südlichen Seitenflügel erweitert und kürzlich, in den achtziger Jahren, entwarf Czesław Bielecki weitere Anbauten. Der Nord- und Westflügel sollen in einem ähnlichen Stil errichtet werden, wie die Flügel des Szyller-Projektes, damit es endlich zur Vollendung kommt.

Heute ist das Zachęta-Gebäude der Sitz des Zentralbüros für Kunstausstellungen, das Wechselausstellungen polnischer und ausländischer Kunst organisiert. Treu den Satzungen der früheren Gesellschaft soll damit für die Kunst geworben werden, aber auch durch Vorträge, Kunstlotterien u. a. m.

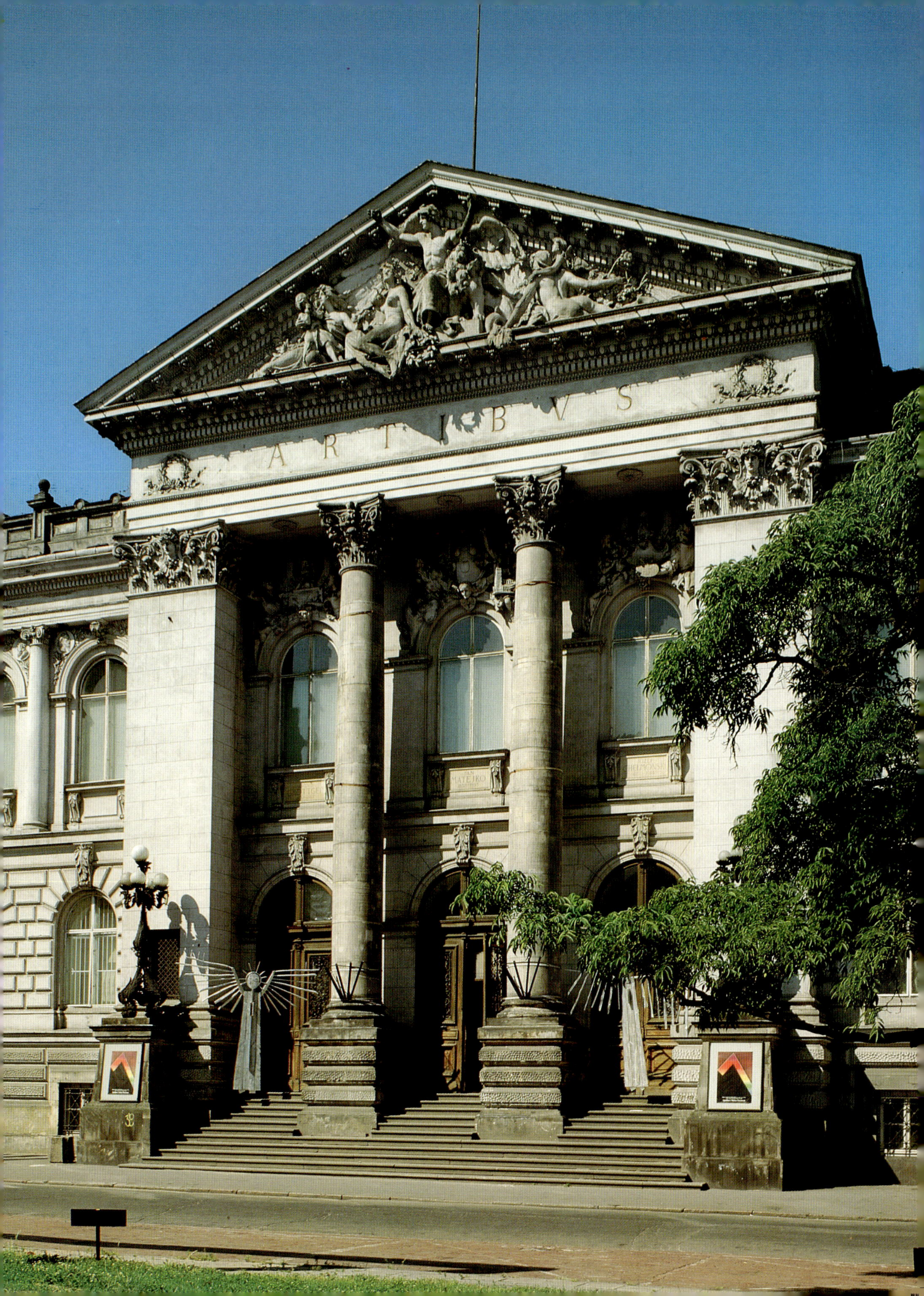
ARTIBVS

Palast der Steuer- und Finanzverwaltung
am Plac Bankowy

Palast der Steuer- und Finanzverwaltung
am Plac Bankowy, ionischer Portikus

Palast der Steuer- und Finanzverwaltung
am Plac Bankowy, ionischer Portikus
mit Blick auf ein modernes Bürogebäude

PALAST DER STEUER- UND FINANZVERWALTUNG

Der Palast für die Steuer- und Finanzverwaltung gehört zu einer Gruppe von Gebäuden, die Antonio Corazzi 1824-1830 errichtete. Zur der gesamten harmonischen Anlage, gewiß eines der besten Werke von Corazzi, zählen auch das Finanzministerium, die Börse und die Diskontbank.

Der Palast für die Steuer- und Finanzverwaltung ist sicherlich der eindrucksvollste Teil und ging aus dem Umbau des Leszczyński-Palastes (17. Jh.) hervor. Der Mittelrisalit des Hauptgebäudes, an der rückwärtigen Fassade des Innenhofes, ist mit einem gewaltigen Portikus aus acht korinthischen Säulen geschmückt. Am Fronton befinden sich Skulpturen von Paweł Maliński mit den Allegorien von *Weisheit*, *Industrie* und *Handel*, in der Gestalt von Minerva, Merkur und Jason, außerdem Allegorien der *Flüsse Weichsel* und *Bug*. Die Seitenflügel des Palastes schließen sich rechtwinklig an das Hauptgebäude an und sind am Innenhof mit vier ionischen Säulen verziert, an der Seite zum Plac Bankowy (Bankplatz) erhebt sich eine monumentale ionische Kolonnade.

Der Palast des Finanzministeriums, neben diesem Gebäude gelegen, entstand zwischen 1825 und 1830 aus dem Palast der Familie Ogiński (18. Jh.). Das reich gegliederte Hauptgebäude und die großen Terrassen erinnern an eine monumentalisierte italienische Renaissancevilla. Das an der Ecke vom Bankowy-Platz und der Elektoralna-Straße gelegene Gebäude der ehemaligen Börse und der Diskontbank (1825-1828 gebaut) wurde dem dreieckigen Grundstück angepaßt. Es handelt sich um den strengsten Bau der Gruppe, ohne Säulenportikus. Das auffallendste Merkmal ist die Eckkuppel über dem Tambour der früheren Börsenhalle. Der polnische Architekt Jan Jakub Gay arbeitete an diesem Bau mit Corazzi zusammen. Heute befindet sich hier das Johannes Paul II.-Museum mit der Kunstsammlung Porczyński.

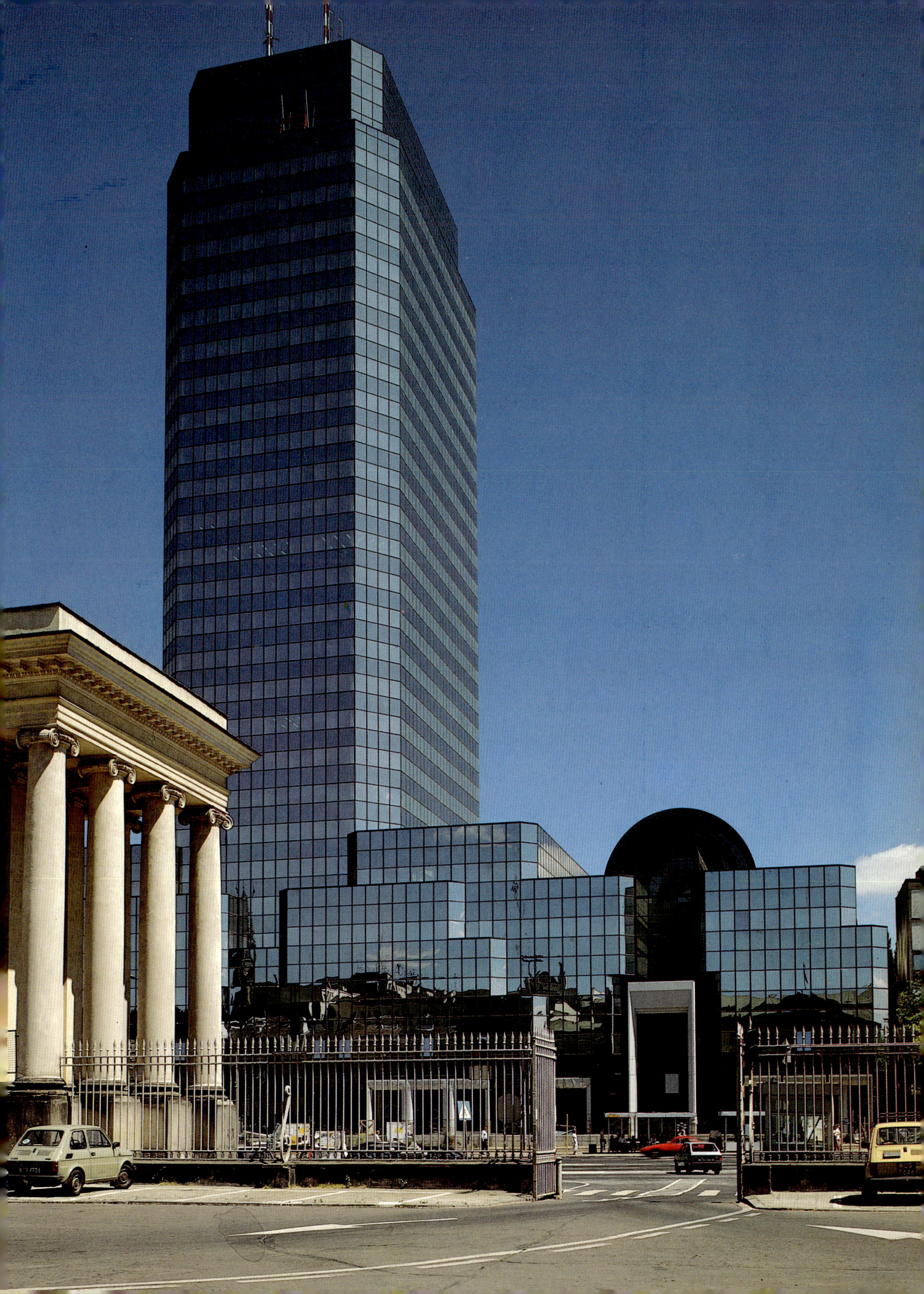

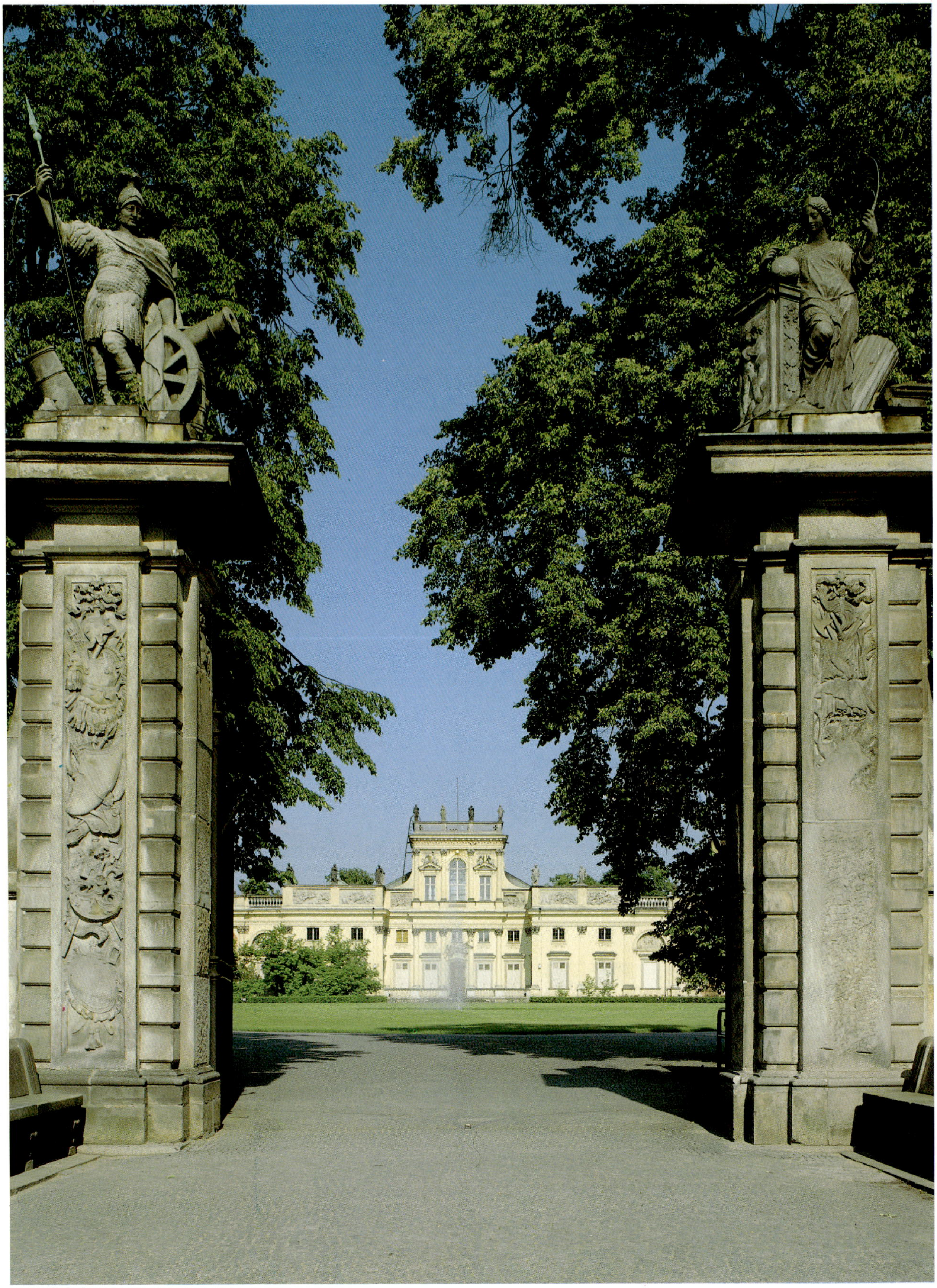

Schloß Wilanów, Eingangstor　　　　　　　　　　　　　　　　　　　　　Schloß Wilanów, Westfassade

WILANÓW

Der Königsweg, der von dem Königsschloß durch Krakowskie Przedmieście, Nowy Świat und Aleje Ujazdowskie nach Süden führt, endet schließlich in der Vorstadtresidenz von König Johann III. Sobieski, Wilanów (Neue Villa). Der König kaufte den Besitz und die Ländereien des früheren Milanów 1677 und noch im selben Jahr begannen die Bauarbeiten.

Zunächst hieß es auf lateinisch *Villa Nova*, was man dann mit Wilanów stärker ans Polnische anpaßte. Der Entwurf stammte von dem in Polen lebenden italienischen Architekten Agostino Locci, der eng mt dem König zusammenarbeitete. Locci überwachte auch die Bauausführung. Das erste Gebäude war ein für diese Zeit typisches Herrenhaus mit vier Seitenpavillons. In den Jahren 1681-1682 wurde es um ein halbes Stockwerk erhöht, erhielt Gartengalerien mit Türmen und eine Bekrönung mit Balustrade. Auf diese stellte man steinerne Musen und die Fassaden des Hauptgebäudes und der Galerien wurden mit einer reichen architektonischen und skulpturalen Dekoration verschönert. Der weitere Ausbau erfolgte 1684 bis 1696 mit einem Obergeschoß auf dem Hauptgebäude, während die Seitenpavillons ebenfalls mit Bekrönungen abgeschlossen wurden. Man bedeckte die Türme mit Kupferhelmen und *Atlantenfiguren, die die Weltkugel stützen*. Die Fassade wurde mit kriegerischen Reliefs und mit antiken Götterfiguren von Stefan Szwaner verziert. So verlor die Residenz ihren Herrenhauscharakter und nahm die Form einer italienischen Barockvilla an.

Dem Palast vorgelagert befanden sich der Haushaltshof (Avantcour) und der Ehrenhof (Cour d'Honneur), die ein dekoratives Gitter mit Tor trennte. Auf der Rückseite entstand auf zwei Ebenen ein französisch-deutscher Garten mit Hecken, Brunnen und Höhlen. So schuf man einen typischen Barockpalast und -garten (*entre cour et jardin*). Der Palast diente aber nicht nur als königliche Residenz, er sollte auch Johann III. als wehrhaften König verherrlichen. Das gesamte, sorgfältig geplante Dekorationsprogramm war in allen Details und ideologischen Konzepten auf den König bezogen. Es wollte seine Tugenden als Herrscher und Krieger mittels antiker Symbolik feiern (wie z. B. der Triumphbogen oder die Götterfiguren der Antike). Auf Rom bezieht sich auch das Motto *QUOD VETUS URBS COLUIT, NUNC NOVA VILLA TENET* (Was die alte Stadt [Rom] in Ehren hielt, besitzt jetzt die neue Villa).

Den Eingang zur Residenz rahmt ein monumentales Steintor ein, das von den Statuen des *Krieges* (Mars) und des *Friedens* (Pax) bekrönt ist. Mars verkörpert den siegreichen König, Pax steht für Frieden und Wohlstand, den der König durch seine erfolgreichen Kriege herbeigeführt hatte. Den Sieg feiern auch die Kriegstrophäen, die an dem Tor angebracht sind. Auf die siegreichen Schlachten des Königs spielen außerdem die Reliefs an, die die Fassade des Palastes schmücken. Episoden aus der Schlacht von Parkany und der Schlacht von Wien sowie die Siegesparade Johanns III. in den Straßen Wiens beziehen sich auf die Reliefs an den römischen Triumphbögen von Titus, Trajan und Konstantin und befinden sich an der Bekrönung. Die antiken Götterfiguren verkörpern Johanns Tugenden als Monarch und Heerführer, seine Macht, seine Gerechtigkeit und seine Tapferkeit. Die Dekoration der nördlichen Galerie war der Gemahlin des Königs Maria Kazimiera vorbehalten, also ihren Tugenden als Frau und Herrscherin: Schönheit, Fruchtbarkeit und Glaubensstärke sind durch *Venus*, *Juno* und *Ceres* und in einem Medaillon durch *Dido* verkörpert.

Schloß Wilanów, Portal der südlichen Galerie mit dem Triumphzug von Jan Sobieski.

Schloß Wilanów, Hauptgebäude

Schloß Wilanow, Bekrönung der Hauptfassade
mit dem Relief von
Johanns III. Siegesparade in Wien

Schloß Wilanów, Atlantenfigur
am Portal des Südturms

Nächste Seiten:
Schloß Wilanów,
Gesamtansicht des Innenhofes

Als ein zusätzliches Element zur Verherrlichung der Palastbesitzer diente das Motiv des Triumphbogens an beiden Galerien, als Ausdruck der Hochachtung und Verehrung, die den Herrschern und siegreichen Anführern gebühren. Auch die die Weltkugel stützenden Atlantenfiguren sind eine Apotheose des Königs und die Verkörperung von Macht und physischer und spiritueller Kraft. Atlas verhindert den Sturz der Weltkugel und symbolisiert Johann III., der dem Niedergang des Vaterlandes entgegenwirkt.
Der Höhepunkt dieses künstlerischen und ideologischen Programms, das den polnischen Monarchen und seine Familie verherrlicht, befindet sich am Haupteingang, wo die Sonne als Symbol der höchsten Macht ihre Strahlen auf einen von Putten getragenen Schild mit dem Wappen der Sobieski-Janina wirft. Die lateinische Inschrift verkündet: *REFULSIT SOL IN CLIPEIS* (die Sonne glänzt auf den Schilden). Die Anwendung der korinthischen Säulenord-

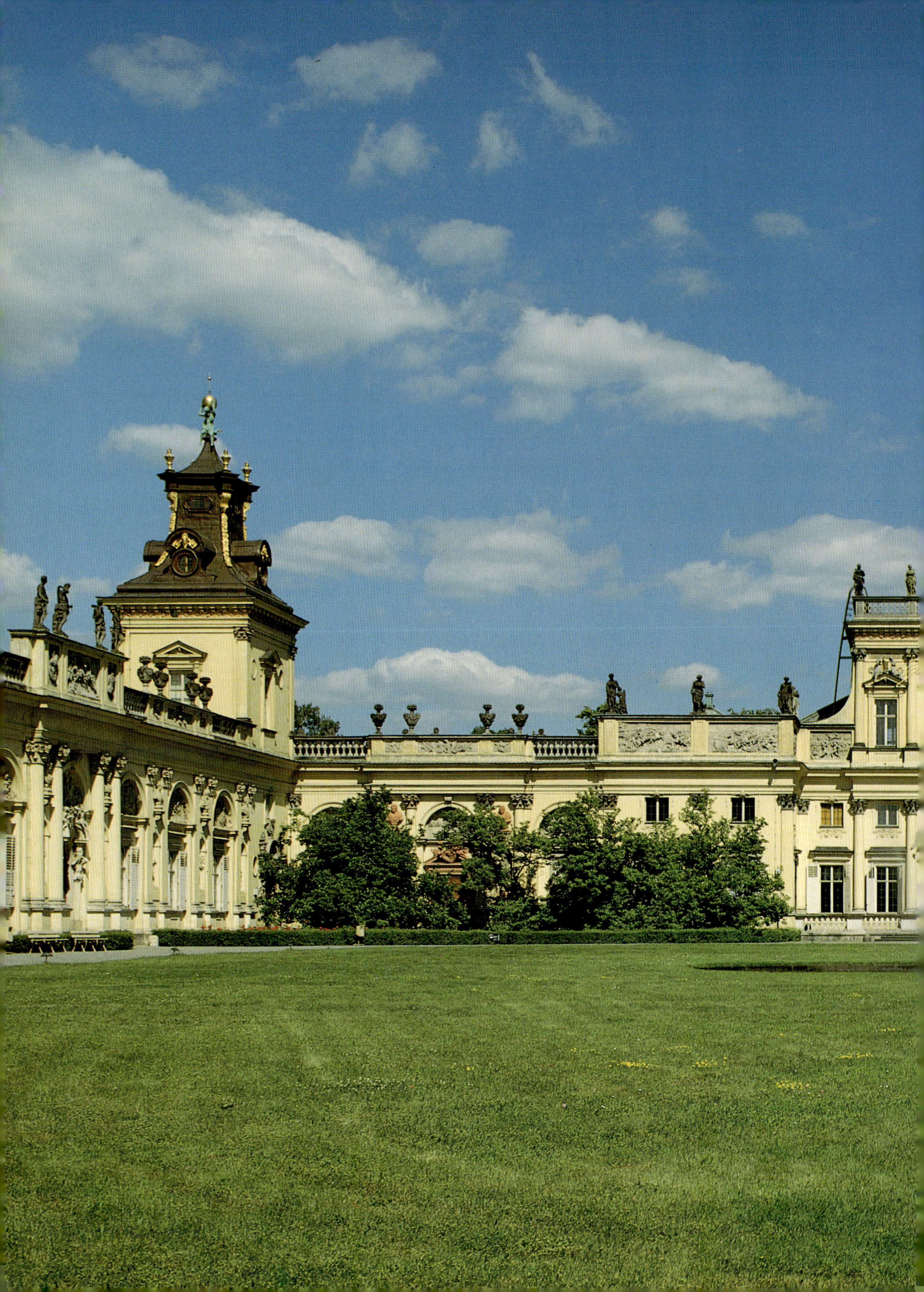

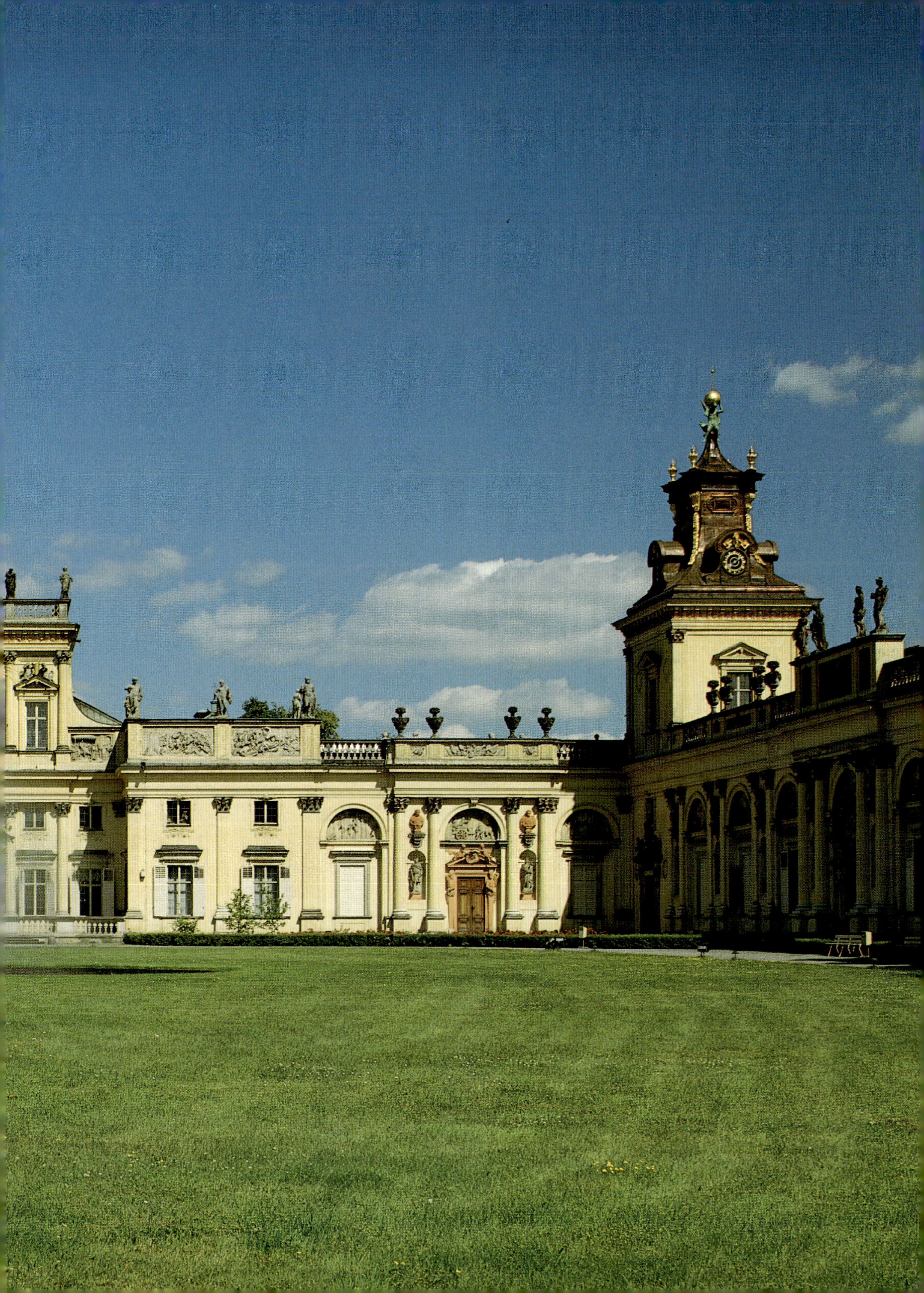

Schloß Wilanów, Nordflügel,
Fassade am Nordflügel

nung, die in der Antike dem Imperator vorbehalten war, verleiht Jan Sobieski denselben Rang, als Erben und Bewahrer römischer Taten und Tugenden. Auch die Gartenfassaden waren dem königlichen Paar gewidmet, Medaillons mit ihren Portraits erscheinen an dem höchsten Teil des Hauptgebäudes, während die Medaillons mit römischen Herrschern und Helden und den Kaiserbüsten - die Vorfahren des Monarchen, denen er nacheiferte - weiter unten angebracht sind. Die Wände der Pavillons sind mit dem Wappen des polnischen Königtums (dem Adler) und mit dem des litauischen Herzogtums (Pogón) verziert, über die Jan Sobieski herrschte. In den Nischen der nördlichen Galerie erscheinen allegorische Figuren, die die Länder und Provinzen symbolisieren, die unter dem königlichen Zepter vereinigt sind. Fresken an den Wänden der Galerien zeigen ausgewählte Szenen aus Homers *Odyssee* und Vergils *Äneis*.
Auch die Seitenwände der Pavillons stammen aus der Zeit von Johann III. und zeigen *Uranos* mit den Erd- und Himmelsphären (Nordseite) und eine Sonnenuhr mit der Statue des *Kronos* (Südseite). Nach dem Tod von Johann III. (1696) erbten seine Söhne Aleksander und Konstanty Wilanów. Letzterer verkaufte die Residenz 1720 an eine Freundin der Sobieski, Elżbieta Sieniawska, Frau des Hetman der Krone, der bald damit begann, den Palast zu erweitern. Nach Plänen von Giovanni Spazzio wurden 1723-1729 auf beiden Seiten des Innenhofes Flügel angebaut, deren Architektur und Dekoration auf die früheren Gebäudeteile Bezug nahmen. Die neuen, harmonisch angefügten Flügel entsprachen dem Stile Louis-quatorze, Giuseppe Fontana leitete die Bauarbeiten. Die neuen Fassaden erhielten eine Halbsäulengliederung und Skulpturenschmuck mit den Büsten römischer Kaiser, Stuckreliefs mit Schlachtenszenen und Episoden aus den Metamorphosen von Ovid und Nischenfiguren mit Allegorien der Tugenden, die mit den neuen Besitzern in Zusammenhang standen. Die Schöpfer dieser Dekoration, die sich dem bereits bestehenden Programm anpaßte, waren Francesco Fumo, Pietro Innocente Comparetti und Jan Jerzy Plersch.
Nach dem Tod von Elżbieta Sienawska (1729) erbte deren Tochter Maria Zofia Denhoffowa (später Frau des Herzogs August Czartoryski) Wilanów. Sie setzte das Werk der Mutter fort und erweiterte den südliche Flügel nach den Entwürfen des sächsischen Architekten Johann Sigmund Deybel, der nach dem Tod von Spazzio im Jahr 1726 in Wilanów die Rolle des königlichen Architekten übernommen hatte. Die Gartenfront besitzt die typischen Formen der sächsischen Architektur in der ersten Hälfte des 18. Jh. Sie wird von flachen Lisenen unterteilt, hat

einen flachen Risalit mit Kompositpilastern in der Mitte und eine Bekrönung mit Skulpturenschmuck.

Nach langen Bemühungen von Seiten August des Starken gab Zofia Denhoffowa nach und übertrug ihm die Residenz auf Lebenszeit. August wollte Wilanów kaufen und hatte bereits die Pläne für den Umbau fertig. Zum Glück kamen die Pläne, die drastische Veränderungen verursacht hätten, nicht zur Ausführung, weil ihm die Residenz mit der Auflage überlassen wurde, außen und innen nichts zu verändern. Nach dem Tod von August dem Starken fiel Wilanów wieder den früheren Besitzern, Maria Zofia und August Czartoryski zu und danach deren Tochter Izabela, Frau des Kronenmarschalls Stanisław Lubomirski. Auf Initiative der Herzogin Izabella kümmerte sich der bekannte Warschauer Architekt Szymon Bogumił Zug von 1781 bis 1794 um den Umbau und die Dekoration des Palastes. Man errichtete neben dem Südflügel ein klassizistisches Badehaus und im südlichen Innenhof das Küchengebäude und die Wache. Die Arbeiten dehnten sich auch auf das Innere des Südflügels mit den Wohnungen der Herzogin aus und auf einige Innenräume im Hauptflügel (z. B. das große Vestibül). Südlich vom Palast legte man den romantischen Englischen Garten an, der den Barockgarten aus der Zeit von Johann III. erweitern sollte.

Die Erweiterung und Restaurierung des Besitzes kamen 1794 beim Ausbruch des Kościuszko-Aufstandes zum erliegen. Eine neue Phase begann 1799, als Aleksandra geb. Lubomirska und Stanisław Kostka Potocki Besitzer von Wilanów wurden. Potocki war ein hervorragender Kopf der polnischen Aufklärung, aber auch Kunstkenner und -sammler. Bei Peter Aigner bestellte er eine neugotische Galerie, die Potockis Kunstsammlung aufnehmen sollte. 1805 eröffnete er sie dem Publikum und schuf damit eines der ersten Museen in Polen. Auch die Umgebung des Palastes wurde etwas abgewandelt, man erweiterte den Park und stellte von Aigner entworfene romantische Gartengebäude hinein (z. B. eine römische Brücke, ein chinesisches Teehaus). Der zweigeteilte Hof vor dem Palast wurde durch einen ovalen Rasenplatz ausgefüllt.

Nach dem Tod von Stanisław Kostka übernahmen dessen Sohn Aleksander und der Enkel August den Palast. Letzterer ließ anstelle der gotischen Galerie, die sein Großvater 1845-1848 gebaut hatte, den zweiten Abschnitt des Nordflügels errichten. Es kam im Inneren und rings um den Palast zu einigen Veränderungen, Gebäude dieser Zeit sind z. B. die Steinpergola am Nordflügel und die Brücke am Haupttor sowie eine Gruppe von Reitställen und Kutschenremisen.

Nach dem Tod von August Potocki und seiner Frau Alek-

Schloß Wilanów, Südflügel, Gartenfassade

Schloß Wilanów, südliche Galerie, Gartenfassade

Schloß Wilanów, Turmhelm mit Atlantenfigur

Schloß Wilanów, Dekoration des Südpavillons an der Gartenfront

sandra wurde die Familie Branicki der letzte Besitzer von Wilanów (bis 1945). In den Jahren 1893 bis 1906 leitete Władysław Marconi die Konservierung und Restaurierung der Palastanlage. Nach dem Ersten Weltkrieg wurden diese Arbeiten fortgesetzt.
Als 1944 der Warschauer Aufstand ausbrach, besetzten die deutschen Truppen den Palast, die königlichen Gemächer verwandelten sich in Kasernen und der Südflügel in ein Lazarett. Beim Rückzug der Deutschen wurde Wilanów wiederholt ausgeraubt und kostbare Gemälde, Teppiche, Silbergerät und Keramik verschwanden.
Nach 1945 richtete man in Wilanów ein ständige Abteilung des Warschauer Nationalmuseums ein und 1962 konnte der umfassend restaurierte Palast auch für das Publikum eröffnet werden. Die gestohlenen Kunstwerke kehrten zum größten Teil wieder nach Wilanów zurück.

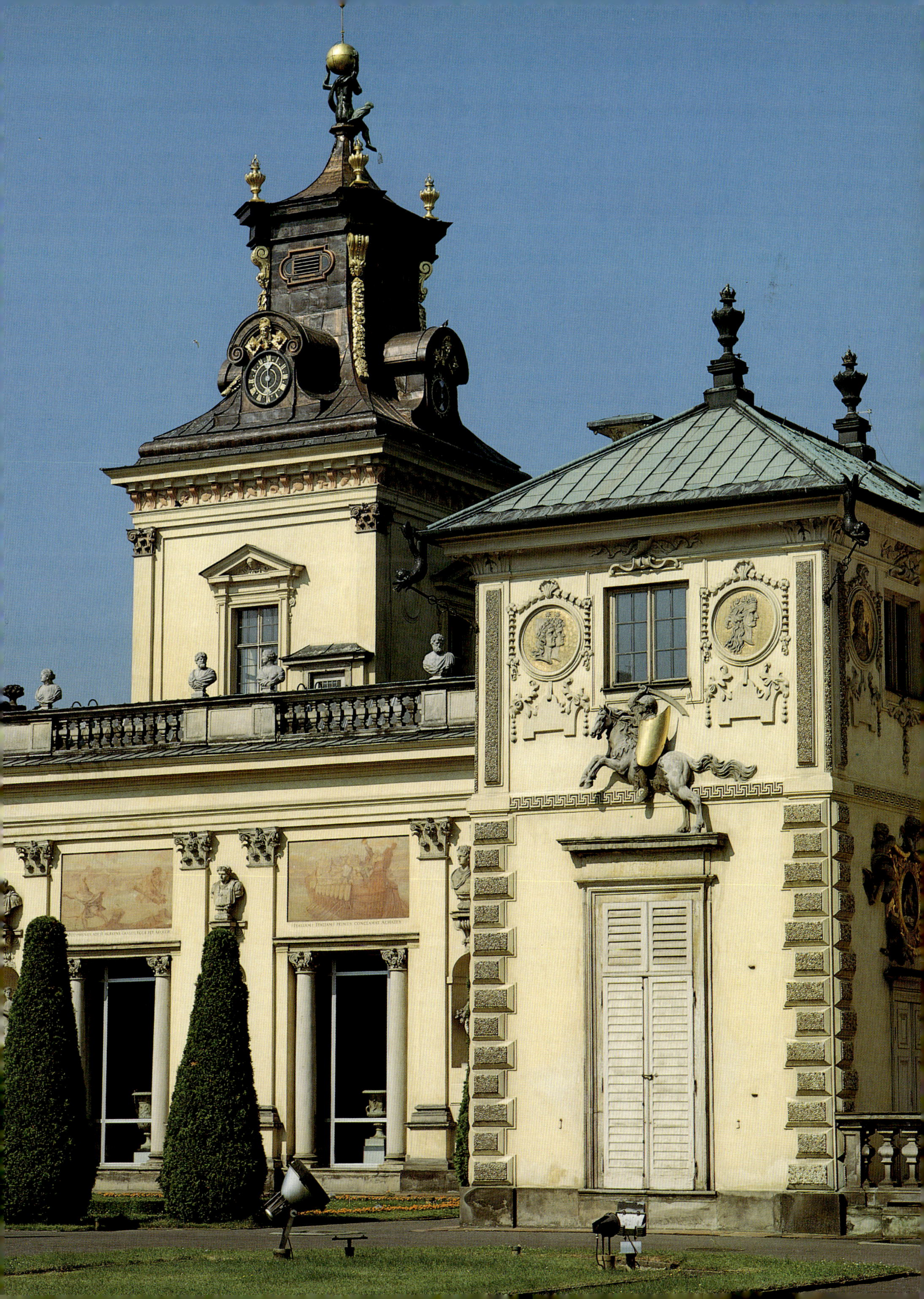

Schloß Wilanów, Gartenfassade

DAS PALASTINNERE

Das Innere der Palastanlage umfaßt eine Reihe von Wohnräumen aus dem 17., 18. und 19. Jahrhundert. Die ältesten, aus der Zeit von König Johann III., liegen im Hauptgebäude und in beiden Galerien. Die Wohnräume wurden in der Tradition polnischer Herrenhäuser im Erdgeschoß eingerichtet, nicht im ersten Stock wie Theoretiker moderner Palastarchitektur vorgeschlagen haben. Ihre Abfolge ist streng symmetrisch. Im Herzen des barocken Gebäudeteils liegen das zwei Stockwerke hohe Vestibül und dahinter das holländische Kabinett. Beidseitig vom Vestibül und Kabinett liegen ehemalige Schlafzimmer, königliche Vorzimmer und kleinere Kabinette, rechts die von Johann III., links die von Maria Kazimiera.

Das **Große Vestibül** war zu Zeiten von Johann III. der ideologische und künstlerische Brennpunkt des Palastes. Das Deckengemälde von Jerzy Eleuter Szymonowicz-Siemiginowski stellte die *Allegorie von Tag und Nacht* dar, wobei der zentrale Teil dem Gott des Tages, Apoll vorbehalten war, eine Verkörperung des Königs. Gegenüber vom Haupteingang befand sich ein monumentales Reiterstandbild von Johann III. als Besieger der Türken, von dem später für den Łazienki-Park eine Kopie angefertigt wurde. Die korinthische Säulenordnung sollte hier, ähnlich wie an der Fassade, die Ehrfurcht übermitteln, die dem König als Erben der römischen Kaisertugenden gebührt. Leider unterscheidet sich das heutige Erscheinungsbild des Vestibüls erheblich von dem der Sobieski-Zeit. Die neue Dekoration entwarf Szymon Bogumił Zug gegen Ende des 18. Jh. Die Wände sind von zwölf ionischen Halbsäulen aus goldfarbenem Stuck unterteilt und von graubraunen Stuckfeldern bedeckt, die Kapitelle und Rahmen sind aus weißem Stuck. Im 19. Jh. ersetzte man Siemiginowskis Deckengemälde durch eine Stuckkomposition von Enrico Marconi. Die Statue von Johann III. Sobieski wurde schon zu Zeiten von August II. entfernt und steht heute in einer Nische unter dem Südturm. Nur die Figuren der *Vier Winde* in den facettierten Ecken sind

von der ehemaligen Dekoration übriggeblieben.
In den **Schlafräumen** und **Vorzimmern** haben sich die meisten Formen des Barock aus der Zeit von Johann III. erhalten, sie sind mit allegorischen Deckengemälden der *Vier Jahreszeiten* von Szymonowicz-Siemiginowski geschmückt (achtziger Jahre des 17. Jh.). Als thematische Abrundung dienen die auf Leinwand gemalten und in den Stuck eingefügten Fricsc mit Szenen aus den *Georgica* Vergils. Sie stellen die zu den Jahreszeiten passenden Beschäftigungen der Landleute dar. All diese Dekorationen heben den ländlichen Charakter der königlichen Residenz hervor, typisch für den Lebensstil des Adels und in allegorischer Form eine Apotheose des Königspaares. Im Schlafzimmer des Königs befindet sich ein Deckengemälde mit der Allegorie des *Sommers*. Der strahlende *Phöbus* verkörpert Johann III. und die ihm zugesellte *Aurora* ist Maria Kazimiera. In dieser Darstellung wird wieder die Rolle des Herrscherpaares für den Ruhm und Segen des Vaterlandes hervorgehoben. Das Rahmendekor mit Eichenblättern symboliert königliche Stärke, die in die Ecken eingefügten Delphine bedeuten gute und weise Herrschaft.

Im Schlafzimmer des Königs steht ein wunderbares Himmelbett mit Attributen des Kriegers,- Waffen, Schilde und Schwerter, die mit kostbaren Steinen ausgelegt sind. Das königliche Vorzimmer vor dem Schlafraum verschönert ein Deckengemälde mit der Allegorie des *Winters*, wo der Windgott Äolus turbulente Winde unterwürfig macht. Das ist eine Metapher, die auf Johann III. als mächtiger Herrscher anspielt, der die "Winde" zähmt, die die inneren Angelegenheiten des Landes bedrohen. Hier befindet sich auch ein Gruppenportrait der königlichen Familie, außer Johann III. und Maria Kazimiera sieht man die drei Söhne, die Prinzen Jakub, Aleksander und Konstanty sowie Jakubs Frau Jadwiga Amalia, Herzogin von Naumburg mit ihrer Tochter und Prinzessin Kunegunde, die Tochter von König und Königin. Auf einer der Säulen im Hintergrund erkennt man ein Schild, das auf Janina anspielt, das Wappen der Sobieskis.

Im Schlafraum der Königin stellt das Deckengemälde den

Schloß Wilanów, Hauptgebäude,
Gartenfassade

Schloß Wilanów, Detail der Dekoration
an der Gartenfront

Schloß Wilanów, Sybille, Dekoration
von der Gartenfassade

Frühling dar, - mit der Göttin Flora, die Blumen streut, eine Personifizierung der schönen Königin und der Liebe, die sie seitens ihrer Untertanen genoß; im Vorzimmer der Königin ist an der Decke der *Herbst* in Gestalt der Erntegöttin Pomona wiedergegeben,- sie symbolisiert die erfolgreiche Einflußnahme der Sobieski auf den Wohlstand Polens.

Die Wände der königlichen Wohnungen sind mit einer barocken Wandbespannung aus Genueser Samt bedeckt. Außerdem gibt es Kamine aus Marmor mit großen Spiegeln und vergoldeten Rahmen. Das polnische, französische und deutsche Mobliar stammt aus dem 17. Jh., wie auch das kostbare Kunsthandwerk aus Silber, Glas und Keramik.

Von besonderem Interesse zeigt sich die Dekoration des sog. **Spiegel-Kabinetts** im süd-östlichen Pavillon, das zu den Wohnräumen der Königin zählte. Das Deckengemälde des französischen Malers Claude Callot stellt Maria Kazimiera als *Aurora* dar und die drei Söhne des Königs als *Winde*. Dieses allegorische Portrait der Königin mit ihren Söhnen ist eine Apotheose Maria Kazimieras als Mutter der königlichen Familie, die den Erben des heroischen Monarchen das Leben schenkte. Das Gemälde umgibt ein großartiger Stuckrahmen mit Sphingen, Früchten, Blumen, Zweigen und Puttenpaaren, die die an den Sopraporten angebrachten Kronen tragen. Die Dekoration vervollständigt in Form einer barocken Allegorie die tragende Idee dieser Räume, mit dem Hinweis auf die Pflichten und Aufgaben der Mutter der Herrscherfamilie. Die Galerien, die das Hauptgebäude mit den Türmen und Seitenflügeln verbinden, tragen an den Wänden und Decken einen Gemäldezyklus mit der *Liebesbeziehung zwischen Amor und Psyche*. Michelangelo Palloni malte ihn als Allegorie auf die Liebe von Johann III. für Maria Kazimiera. Die nördliche Galerie, die zu dem Flügel führt, der Teile von Stanisław Kostka Potockis Sammlung enthält, beherbergt auch Potockis Reiterbildnis, das der berühmte klassizistische Maler Jacques Louis David

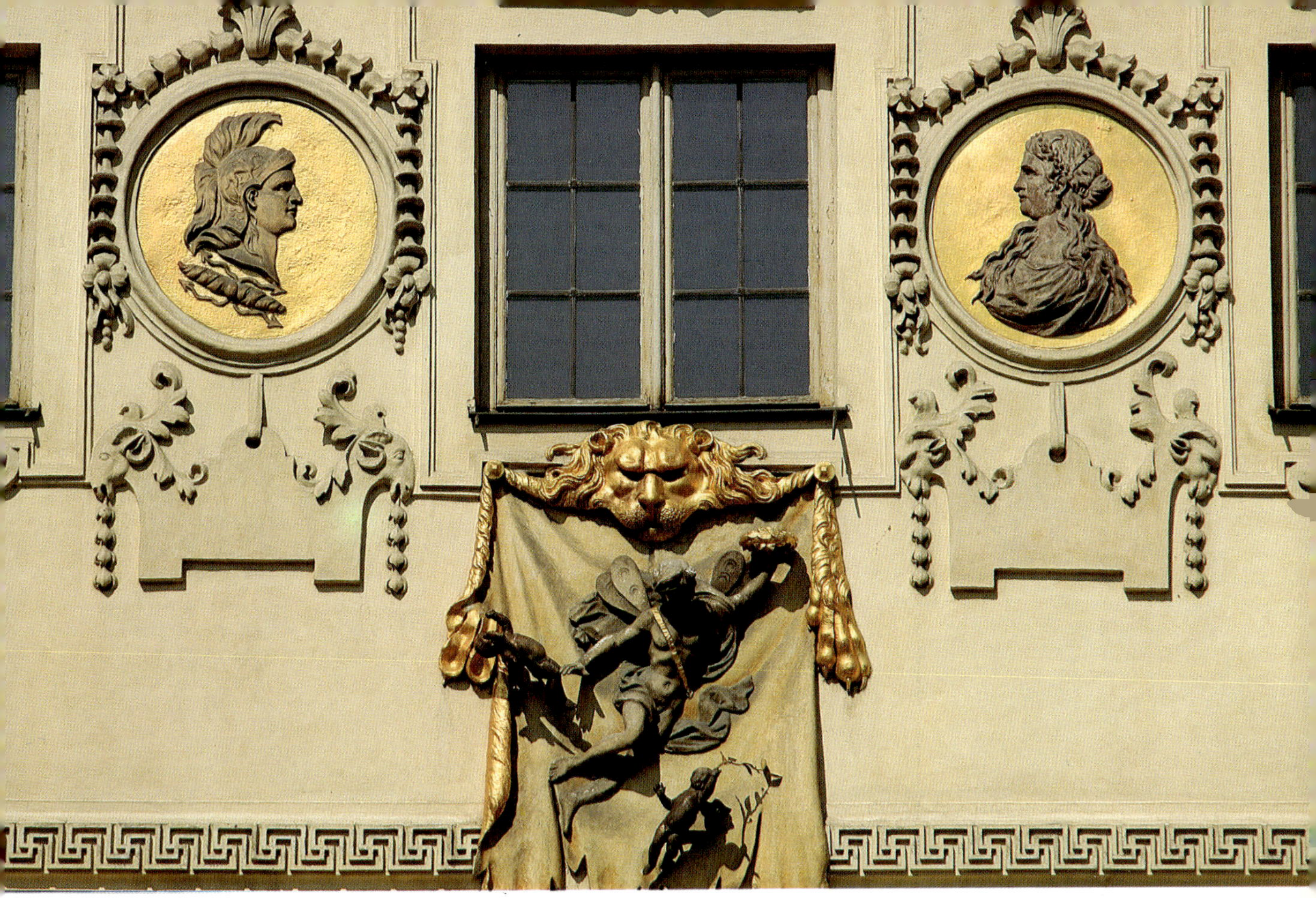

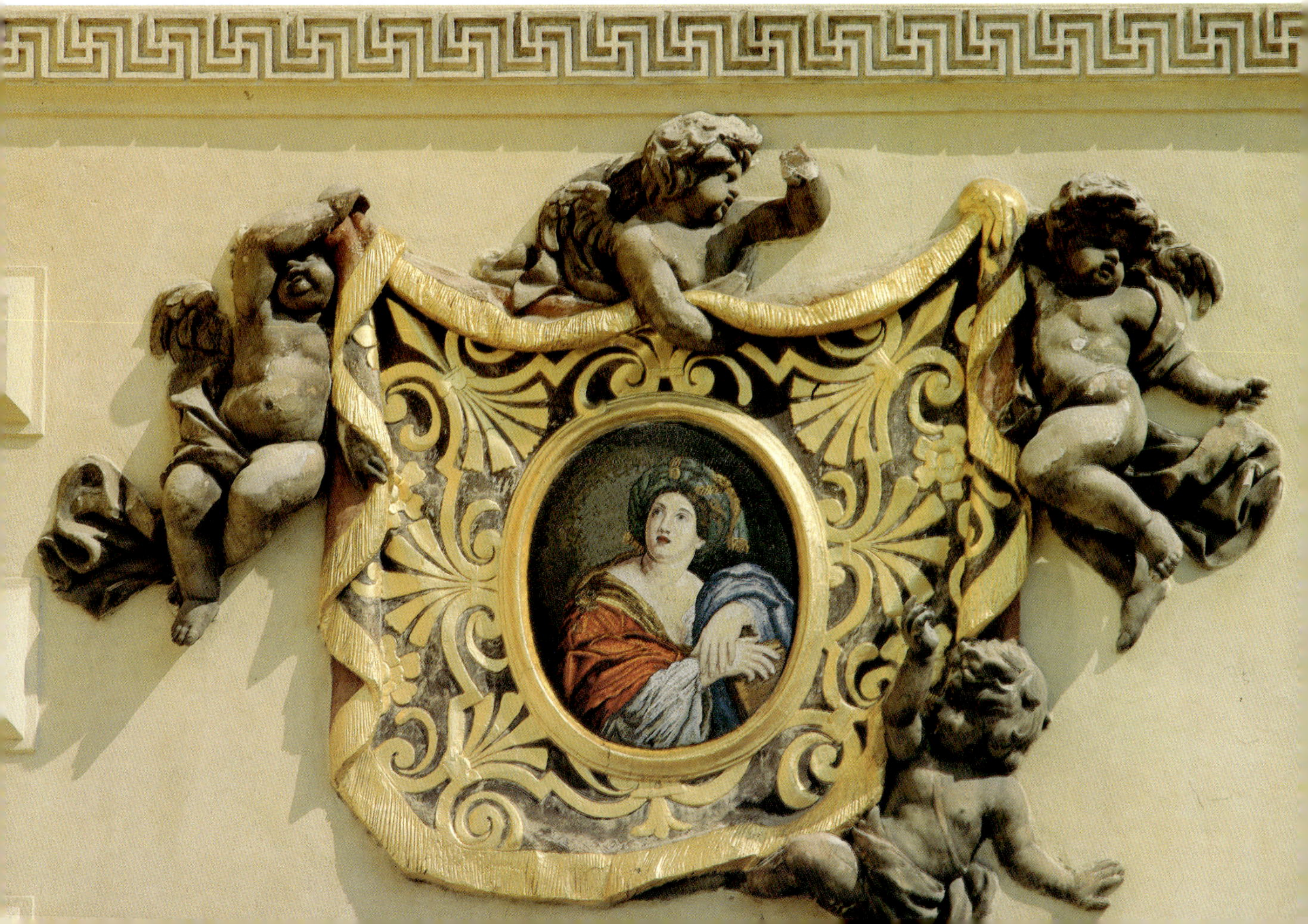

Park von Schloß Wilanów, Balustrade an Terrasse und Treppen

Das Teehaus im Wilanów-Garten

1781 anfertigte. Die Dekoration der barocken Innenausstattung im ersten Stockwerk des Hauptgebäudes ist wesentlich bescheidener. Bei diesen Räumen handelt es sich meist um kleine, niedrige Kabinette mit polychromen Decken ohne Malerei oder Wände mit Gemälden. Manche von ihnen sind typisch für das Innere von Herrenhäusern, wie sie damals beim Adel beliebt waren. Einer der interessantesten Räume im ersten Stock ist das sog. Farfurowy-Kabinett, dessen Wände mit der Imitation von weißem Steingut in Form von kobaltblauem Dekor überzogen sind. Amüsant ist auch die Dekoration des kleinen *Fresko*-Kabinetts, das schon unter Elżbieta Sieniawskas Herrschaft über Wilanów durch Giuseppe Rossi ausgemalt wurde. Es enthält z. B. einen kleinen *Mohren, der einen Papageienkäfig hält*. Die Wohnungen des 18. Jh. aus der Zeit von August II. und der Herzogin Izabella Lubomirska liegen vor allem im Erdgeschoß des Südflügels und im Pavillon des daran angebauten Badehauses.

Der repräsentativste Innenraum dieses Teiles ist der sog. **Große Speisesaal von August II.**, den um 1730 Jan Zygmunt Deybel plante. Er zweistöckige Raum hat korinthische Pilaster an den Wänden und der Doppelreihe von Fenstern an der Südwand entsprechen eine Doppelreihe von Fenstern auf der gegenüberliegenden Seite. An den Schmalwänden öffnen sich über den marmornen Kaminen Galerien für das königliche Orchester. Die Gußeisenplatten in den Kaminen tragen unter der Königskrone das Monogramm "A.R." (Augustus Rex). In den Räumen gibt es u. a. auch Portraits von *Johann III.* und *Maria Kazimiera* und von *August II.*

Neben dem Speisesaal liegt die Wohnung der Herzogin Izabella Lubomirska. Gemäß der Mode des 18. Jh. bildet sie eine Zimmerflucht. Der interessanteste Raum ist das **Badezimmer** der Herzogin, das Szymon Bogumił Zug entwarf. Die Wände sind mit weißem und grünem Marmor verkleidet. Den Hauptteil des Raumes nimmt eine rechteckige Nische mit zwei Säulen aus farbigem Stuck ein. Die Badewanne in der Nische steht auf sechs vergoldeten Löwentatzen, darüber befindet sich ein Löwenmaul aus Stuck, aus dem das Wasser in die Wanne floß. Die Rückseite der Nische verziert ein illusionistisches Fresko mit einer romantischen Landschaft, die der Nische Tiefe

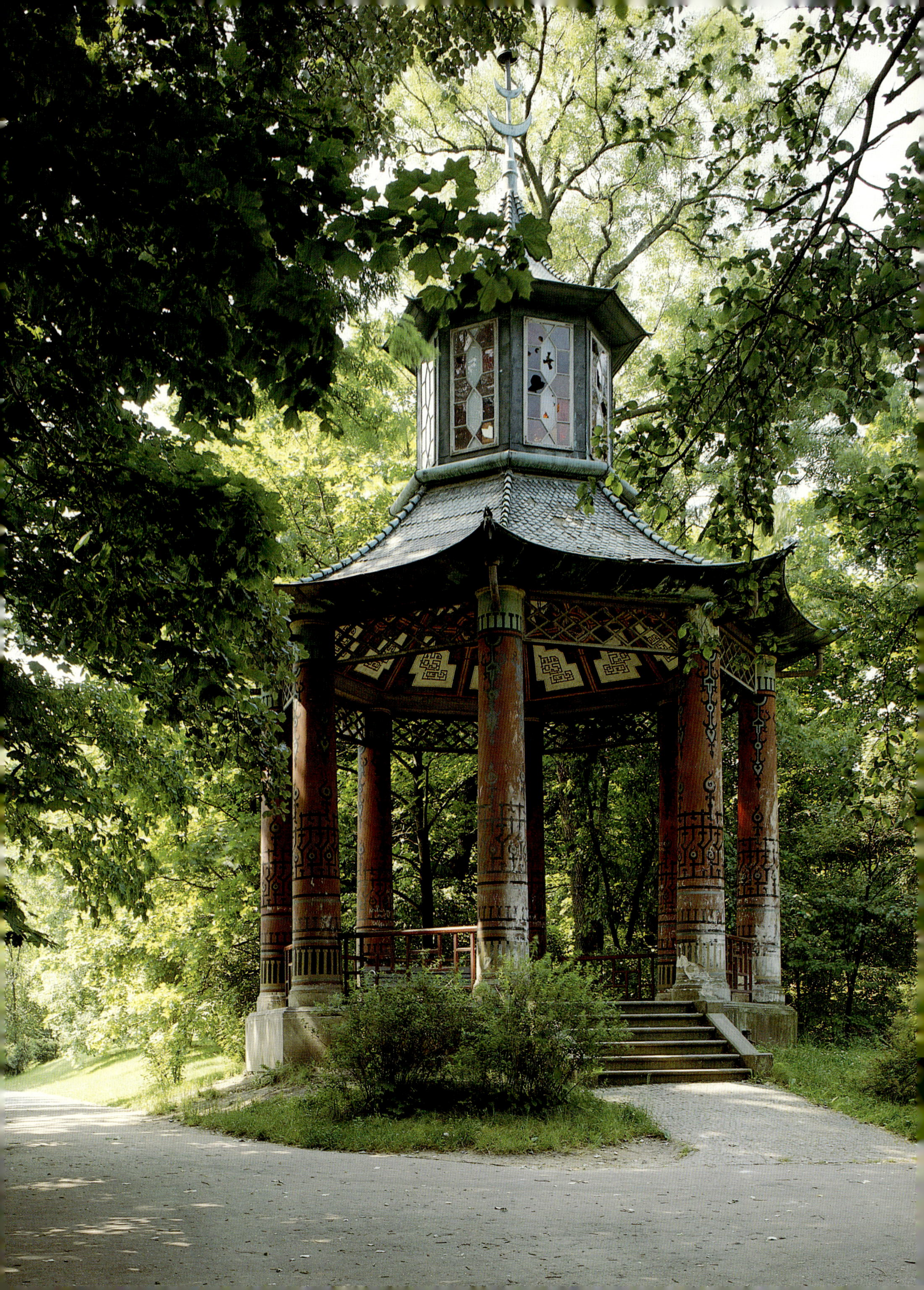

Schloß Wilanów, Großes Vestibül   Schloß Wilanów, Schlafraum des Königs

verleiht. Da sich auf beiden Seiten gegenüber dem Fenster verspiegelte Türen befinden, gewinnt man den Eindruck, als sei das Innere mit dem Garten verbunden. Interessant ist auch der dekorative Baldachin aus Stuck an einer Seitenwand, mit Büscheln weißer und schwarzer Straußenfedern. Das zu dem Raum passende Grün des Baldachins bildet den Rahmen für eine Art Ottomane, die zur Ruhe nach dem Bad diente. Auf das Badezimmer folgen noch das Schlafzimmer und das Kabinett.
Die Appartements des 19. Jh. aus der Zeit von Stanisław Kostka Potocki liegen vor allem im Erdgeschoß des nördlichen Flügels. In der Nähe der Wohnräume findet man in erster Linie die Ausstellungsräume des Potocki-Museums, die in ihren ursprünglichen Zustand zurückversetzt wurden.
In dem **Großen Karmesinraum**, wo *Atlantenfiguren* die Decke tragen, gibt es eine Gemäldegalerie und im benachbarten Etruskischen Kabinett eine Sammlung antiker Vasen. Das Lapidarium enthält Skulpturen und Fragmente römischer Sarkophage, die zum Teil von den Ausgrabungen stammen, die Stanisław Kostka, ein Liebhaber antiker Kunst, in den achtziger Jahren des 18. Jh. in der Nähe von Neapel durchführte.
In der Nähe der Wohnräume gibt es im ersten Stock der Galerien und der Nordflügels die einzige ständige Potraitgalerie Polens. Dort sieht man Portraits berühmter Polen von der Mitte des 16. bis zur Mitte des 19. Jh., einschließlich einer Reihe von Sargportraits des 17. Jh., die auf Metallblech gemalt und während der Leichenbegängnisse am Sarg befestigt wurden, - daher ihre Form.
Außer gemalten Bildnissen gibt es auch Portraitbüsten, Medaillons, Porzellanminiaturen sowie Attribute der Würdenträger und Schmuck- und Waffenteile, die in den Gemälden der Galerie dargestellt sind.

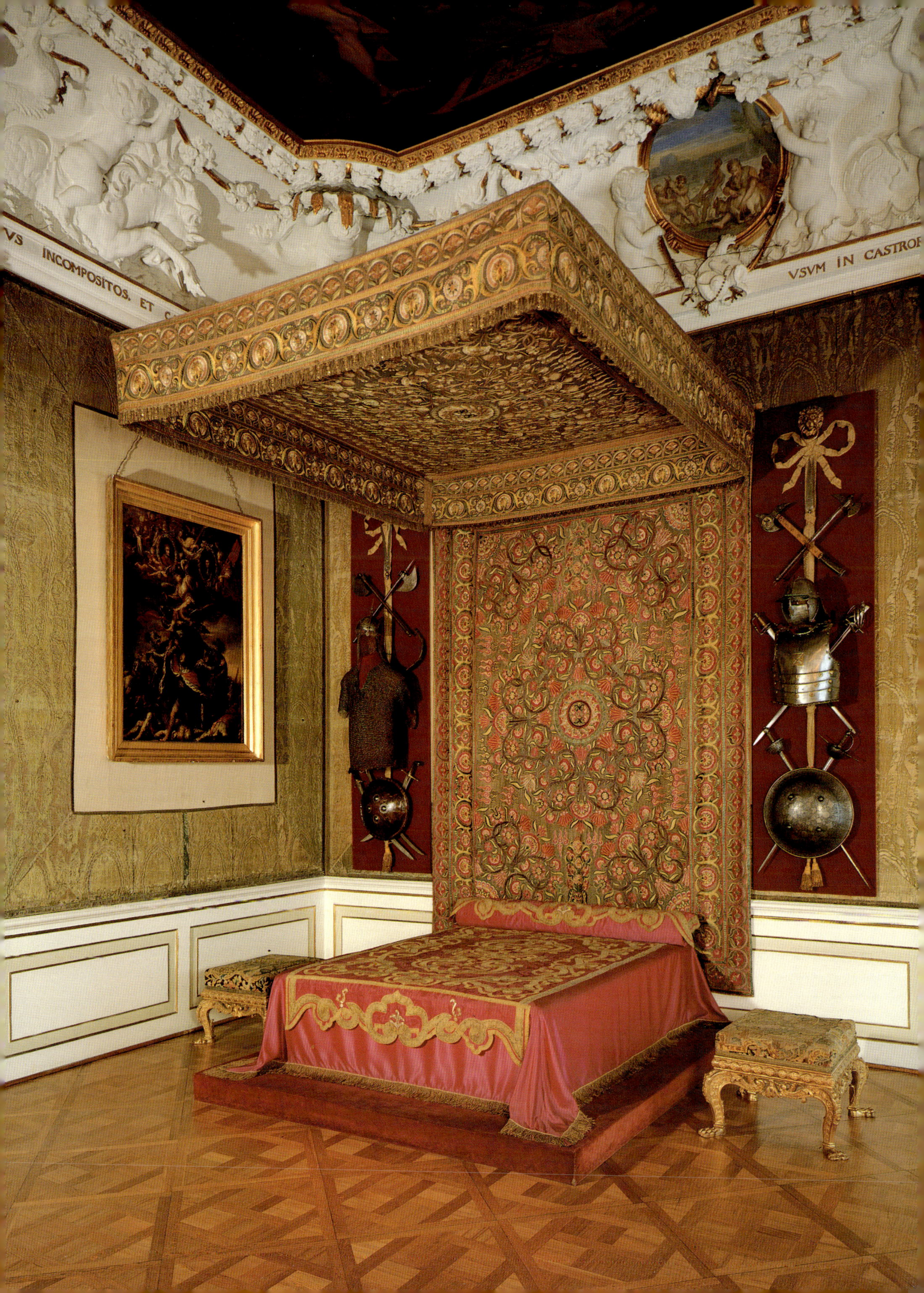
VS INCOMPOSITOS, ET
VSVM IN CASTROF

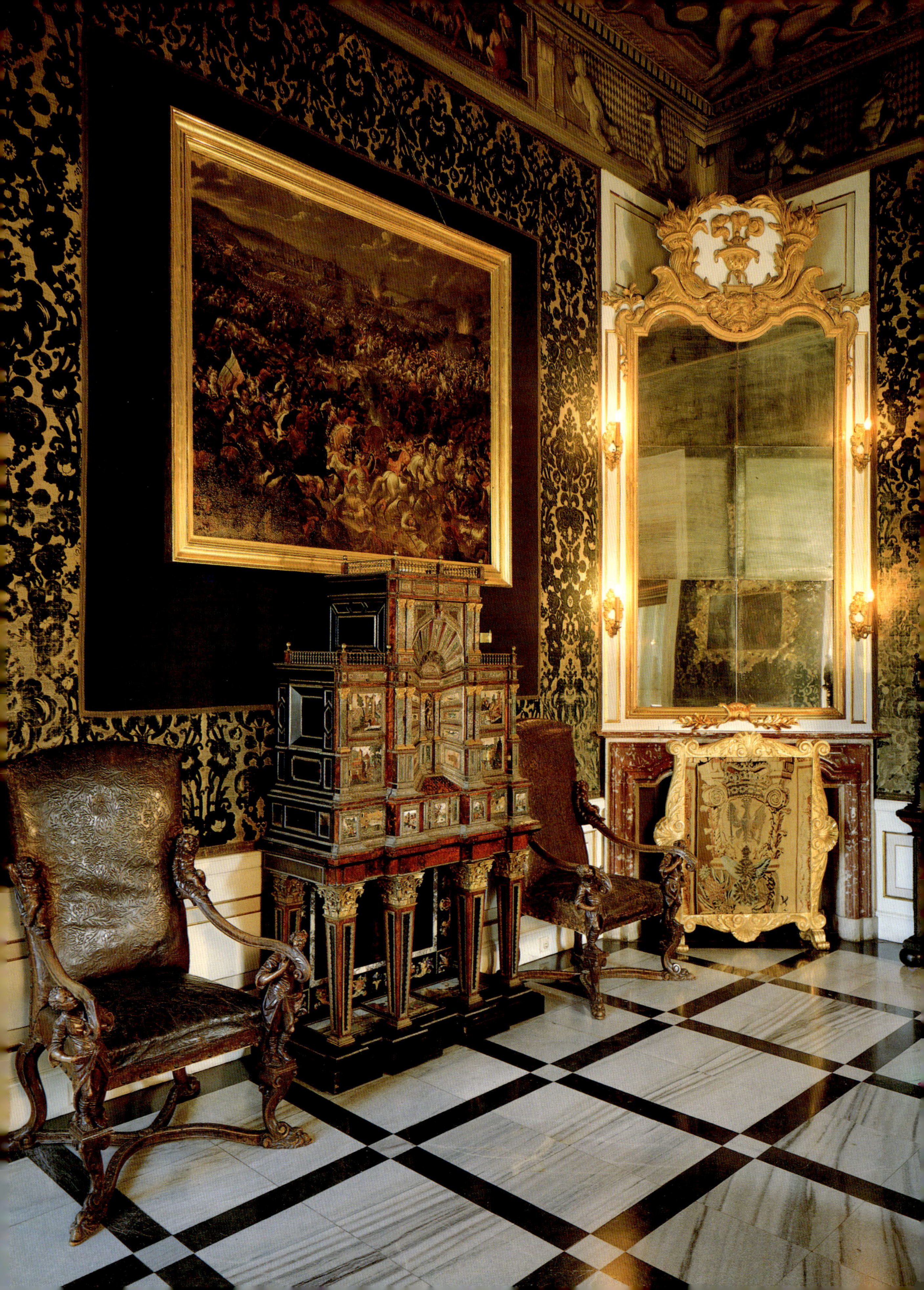

Schloß Wilanów, Vorzimmer des Königs

Schloß Wilanów, *Aurora*, Deckengemälde im Spiegelkabinett

DER GARTEN

Im Verlauf der Jahrhunderte erlebte der Park von Wilanów, so wie die Residenz, verschiedene Veränderungen, weil er dem Zeitgeschmack angepaßt wurde. Der älteste Teil aus der Zeit von Johann III. Sobieski liegt auf zwei Ebenen zwischen dem Palast und dem See. Es handelt sich um einen geometrischen Barockgarten in französisch-italienischem Stil mit dekorativen Blumenbeeten, hohen Doppelhecken und Ausblick auf den See. Die beiden Parkebenen sind mit einer zweifachen, auf die Schloßachse ausgerichteten Freitreppe verbunden, darunter befindet sich eine Grotte. Die Balustrade längs der oberen Terrasse und der Treppen schmücken Skulpturen mit den Allegorien der *Vier Jahreszeiten* und den *Vier Stadien der Liebe*, außerdem Putten mit Blumenkörben und Sphingen, alle aus dem 18. Jh.

Am See entlang führt ein mehrere hundert Meter langer Promenadenweg. Südlich vom Palast findet man auf seiner Achse einen rechteckigen Sockel mit vier Herkulesfiguren. Dort legte die Herzogin Izabella Lubomirska gegen Ende des 18. Jh. einen chinesischen Garten entsprechend dem englischen Geschmack an. In der Mitte gibt es eine große Lichtung mit wundervollen Baum- und Buschformen.

An einem kleinen Teich aus der Zeit von Johann III. steht ein Obelisk des 19. Jh. in Erinnerung an Stanisław Kostka und Ignacy Potocki. Im westlichen Teil erhebt sich eine Säule des 17. Jh. mit einem Malteserkreuz darauf und auf einem kleinen Hügel, der sich "Bacchushügel" nennt, die Keramikfigur der Viktoria.

Nördlich vom Schloß dehnt sich auf zwei Ebenen ein Englischer Garten, den Stanisław Kostka Potocki um 1800 anlegen ließ.

Am Seeufer, zwischen der barocken Parkanlage und dem Englischen Garten liegt das Pumpenhaus, das die Brunnen mit Wasser versorgte, ein Werk von Enrico Marconi

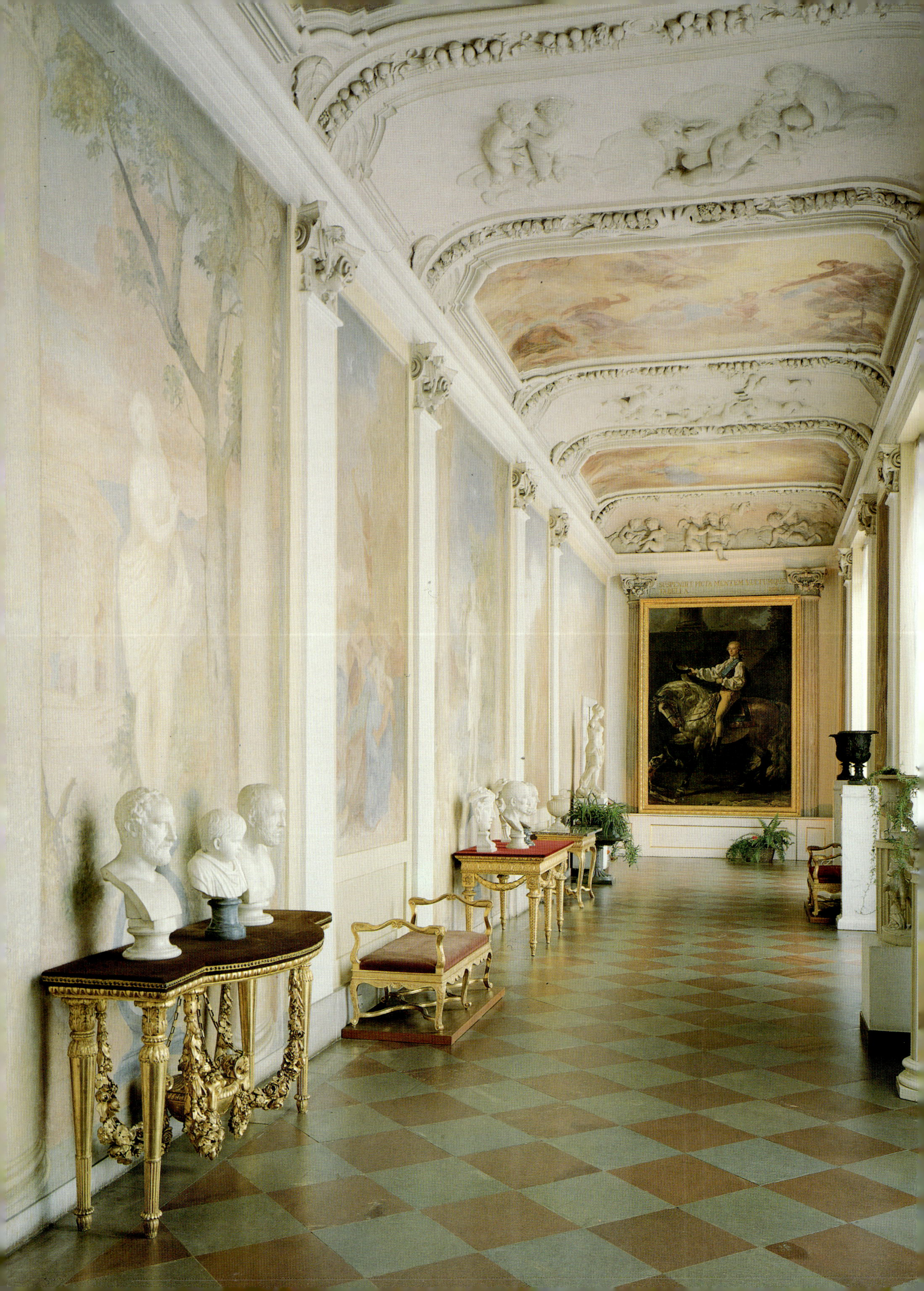

Schloß Wilanów, nördliche Galerie
mit dem Reiterportrait von Stanisław Kostka Potocki

Schloß Wilanów, Fresken-Kabinett
im ersten Stock des Hauptgebäudes

Nächste Seiten:

Schloß Wilanów, Badezimmer von Prinzessin Izabella Lubomirska

Schloß Wilanów, das Eßzimmer Augusts II.

Schloß Wilanów, Großer Karmesin-Raum

aus dem frühen 19. Jh. Am Nordrand des Gartens gibt es eine künstliche Insel mit einer Statue, die an die Schlacht von Raszyn erinnert (1809). Die Insel ist mittels einer Brücke, die Peter Aigner errichtete, mit dem Festland verbunden.

Aigner entwarf auch das chinesische Teehaus, das in der Nähe steht. Im Nordteil befindet sich die Orangerie des 18. Jh. mit ihrem klassizistischen Portikus zum See hin, dahinter liegt das Feigenhaus. In der Mitte des 19. Jh. wurde in der Nähe des Südflügels des Palastes ein kleiner Rosengarten angelegt, den eine gußeiserne Pergola, die mit Wein und Kletterrosen bewachsen ist, vom Barock-garten trennt. Den Rosengarten ziert ein vierpassiger Brunnen mit den einfühlsamen Skulpturen einer Putte und eines Schwans.

Im Süden schließt den Garten eine Mauer mit dekorativen Vasen ab. An den Nordflügel des Palastes fügt sich ein rechteckiger Gartenteil an, der durch einen achteckigen Brunnen mit einem *Triton der das Horn bläst* in sechs Teile gegliedert wird.

Der Park von Wilanów ist mit seinem Formenreichtum und seinen hervorragenden Dekorationselementen wie Skulpturen, Brunnen und kleinen Pavillons einer der schönsten Gärten von Polen.

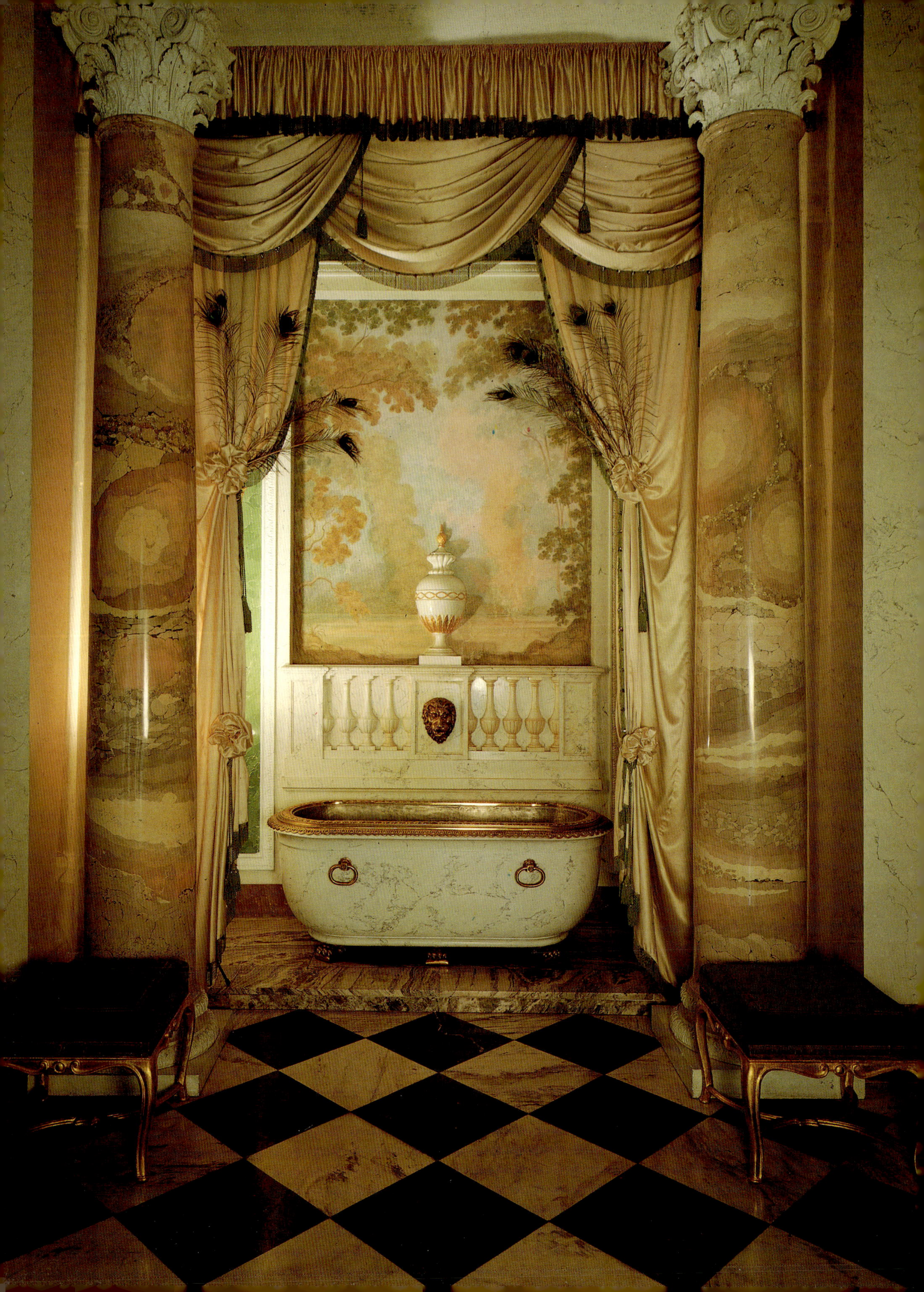

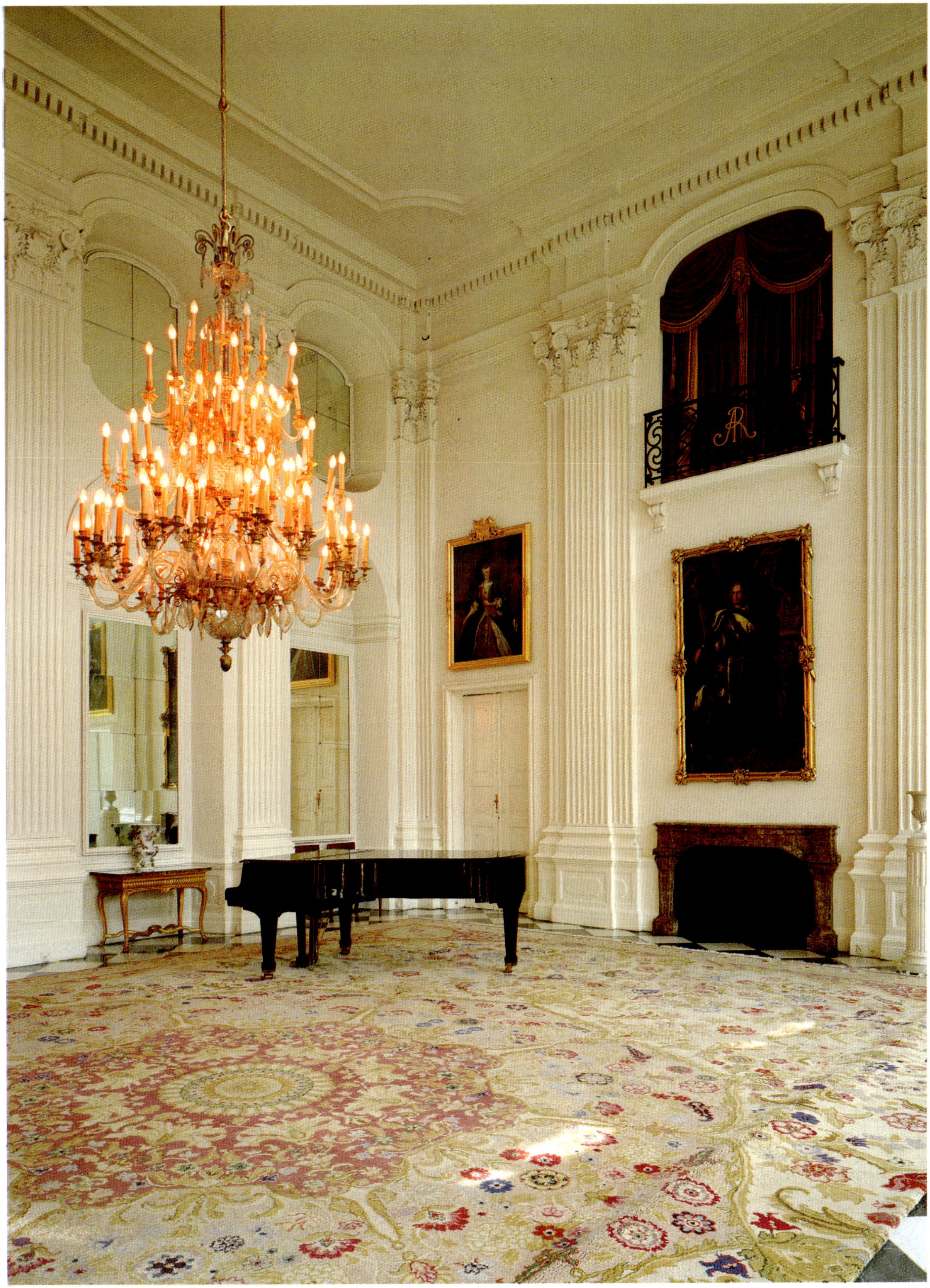

INHALT

	Seite
Einführung	3
KÖNIGSSCHLOSS	5
Das Innere des Schlosses	10
Schloßplatz	22
Sigismundsäule	23
ALTSTADT	26
Der Marktplatz der Altstadt	27
Stadtmauern	31
Nixendenkmal	32
Statue des Jan Kaliński	33
Johanneskathedrale	34
NEUSTADT	37
Kirche der Heimsuchung	37
Sakramentkirche	38
KRAKOWSKIE PRZEDMIEŚCIE	40
Annenkirche	42
Die Muttergottes von Passau	46
Monument für Adam Mickiewicz	46
Karmeliterkirche	47
Wessel-Palast (Sächsisches Postamt)	48
Czartoryski (Potocki) -Palais	48
Visitantinnenkirche	50
Der Tyszkiewicze-Palast	53
Reiterstatue des Herzogs Józef Poniatowski	53
Universität Warschau	54
Universitätsbibliothek	54
Heiligkreuzkirche	57
Sztaszic-Palais	58
Kopernikus-Denkmal	58
Alexanderkirche	59
Gniński-Palast	60
ŁAZIENKI	63
Palais am Wasser	67
Das Weiße Haus	72
Belvedere	75
Amphitheater	75
Myślewicki-Palais	77
Tempel der Sybille	81
Denkmal des Jan Sobieski	82
Chopin-Denkmal	83
STADTZENTRUM	84
Technische Universität Warschau	84
Jerozolimskie-Allee	86
Der Aufmarschplatz	88
Das Große Theater	93
Krasiński-Palais	93
Palast der Krakauer Bischöfe	97
Primas-Palast	97
Zacheta-Gebäude	98
Palast der Steuer- und Finanzverwaltung	100
WILANÓW	103
Das Palastinnere	112
Gartenanlagen	121